1 좌석 찾기

비행기에 탑승하면 탑승권(Boarding pass)에 적혀 있는 자리를 찾아갑니다. 찾기 어려우면 승무원에게 물어보세요. 자리를 찾았으면 좌석 위 짐칸에 짐을 넣은 후 앉으면 됩니다. 승무원 지시에 따라 안전벨트까지 매면 착석 완료!

빨리 단어로 말해요!

단어 바로 듣기

1
탑승권
보올딩 패스
boarding pass

2
내 자리
마이 씻
my seat

3
이쪽
디스 웨이
this way

> 핵심 표현만 빠르게 익혀 바로 말해 보세요!

4
지나가다
패스 뜨루
pass through

★ 5
나를 도와주다
헤얼프 미
help me

6
공간이 없다
노우 룸
no room

> 핵심 표현인 help me만 말해도 통해요!

7
짐칸(들)
컴파알트먼츠
compartments

8
내 가방을 놓다

9
자리 밑

10
안전벨트
씻 베얼트
seat belt

간단히 문장으로 말해요!

문장 바로 듣기

기내

1 탑승권 좀 보여 주세요. 승무원이 물어봅니다.
보올딩 패스 플리즈
Boarding pass, please.

> 핵심 표현을 간단히 문장으로 구사해 보세요!

2 제 자리가 어디죠?
웨얼이즈 마이 씻
Where is my seat?

Tip 승무원을 부를 때는 익스큐즈 미 (Excuse me)라고 먼저 하세요.

> 여행, 문화, 영어 관련 팁들이 곳곳에 들어있어요!

3 이쪽으로 오세요. 승무원이 안내합니다.
디스 웨이 플리즈
This way, please.

> 상황에 따라 상대방에게 어떤말을 듣는지도 익혀 주세요~

4 지나갈 수 있을까요?
캔아이 패스 뜨루
Can I pass through?

★ 5 도와주실래요?
캔유 헤얼프 미
Can you help me?

> 정확한 문장으로 말하고 싶다면 Can you help me? 까지 도전!

KB054497

예상치 못한 순간이 발생했을 때!
무언가 더 말하고 싶을 때!
추가 표현이 필요한 순간을 보세요~

🧭 추가 표현이 필요한 순간!

추가 표현 바로 듣기

대개 항공사에서는 다양한 음료를 제공합니다. 취향에 맞게 즐겨 보세요.

✅ 어떤 음료 드시겠습니까?
승무원이 물어봅니다. 🎧
왓 우쥬 라잌 투 드륑
What would you like to drink?

✅ 다이어트 콜라 주세요.
다이엇 코크 플리즈
Diet coke, please.

> **Tip** 음료 이름 끝에 플리즈 (please)만 붙이세요.

✅ 얼음 넣어서 콜라 주세요.
코크 윗 아이스 플리즈
Coke with ice, please.

✅ 우유 넣어서 커피 주세요.
커퓌 윗 미얼크 플리즈
Coffee with milk, please.

🪧 기내식에서 제공하는 음료

레드 와인
뤠드 와인
red wine

화이트 와인
와잇 와인
white wine

녹차
그륀 티
green tea

홍차
티
tea

사이다
스프라잇
sprite

오렌지 주스
어륀쥐 쥬우스
orange juice

토마토 주스
토마이로 쥬우스
tomato juice

사과 주스
애쁠얼 쥬우스
apple juice

맥주
비어
beer

이게 영어로 뭐였지 싶을 때,
추가적인 정보가 필요할 때,
이곳을 참고하세요!

아는 만큼 보이는, 모르면 손해인
여행 꿀팁을 가득~ 다양한 특별 페이지로
여행 자신감을 키워 보세요!

📍 메뉴판 읽기

1. 조리법

roasted
로스티드
구운

steamed
스팀드
찐

braised
브뤠이즈드
푹 삶은

baked
베이크드
오븐에 구운

grilled
그륄드
그릴에 구운

raw
로우
익히지 않은, 날것의

boiled
보일드
끓인

fried
프롸이드
튀긴

2. 메뉴 종류

starter / appetizer
스타뤌 / 에피타이절
전채 요리

side dish
사이드 디쉬
곁들임 요리

main dish
메인 디쉬
요리

beverage
베버뤼쥐
음료

dessert
디절트
디저트

3. 음료 종류

draft beer
드래프트 비어
생맥주

bottled beer
바틀드 비어
병맥주

sparkling wine
스파크링 와인
스파클링 와인
탄산이 든 음식

non-alcoholic
넌 알코홀릭
알코올이 들어가지 않은

rose wine
로우즈 와인
로제 와인

white wine
와잇 와인
화이트 와인

red wine
뤠드 와인
레드 와인

cocktail
칵테일
칵테일

soda
소다
탄산음료

단어로 빨리 찾고 문장으로 간단히 말하는 여행영어회화

착! 붙는
여행영어

Travel English

랭기지플러스

1. 착! 붙는 여행영어는 어떻게 다른가요?

착! 붙는 여행영어는 쉽게 배우기 ▶ 오래 기억하기 ▶ 현장에서 바로 활용하기를 모토로 합니다.

1 착! 붙는 여행영어는 핵심 단어 표현부터 시작합니다.

초보 학습자는 문장부터 공부하기 시작하면 상당히 부담스럽습니다. 왜냐하면 단어도 모르는데 문장부터 내뱉는다는 자체가 어렵기 때문입니다. 반면에 핵심 단어 표현부터 챙기고 나면 자신감도 생기고 문장도 훨씬 접근하기 편해집니다. 단어부터 먼저 빨리 꺼내세요! 문장까지 구사하지 못하더라도 핵심 단어로 의사소통을 할 수 있으니, 시도조차 못하는 것보다 훨씬 좋겠죠?

2 착! 붙는 여행영어는 간단한 문장을 고집합니다.

아무리 좋은 표현이라도 긴 문장으로 된 영어 표현은 배우기도 어렵거니와 배웠다 할지라도 쉽게 잊어버립니다. 활용률도 거의 0%에 가깝습니다. 마치 권투 선수가 훈련은 정말 어렵게 했는데 정작 시합에서는 허공에 대고 주먹질을 해 대는 것과 같습니다. 핵심 단어와 간단한 문장은 기억하는 데 유리합니다. 결국 현장에서 실제로 활용할 가능성이 커지는 겁니다.

2. 착! 붙는 여행영어의 공부 순서가 있나요?

1 먼저 처음 페이지에 나오는 영어 단어 표현을 큐알 코드로 듣고 따라 해 보세요.

2 우리말 뜻을 가리고 영어로 말해 보세요. (잘 안되면 잘 될 때까지 **1**을 반복하세요.)

➡ 여기서 성급히 넘어가지 말기! 영어 단어 표현만 잘해도 절반은 성공입니다.

3 단어 표현에 자신이 생기면 다음 페이지에서 **문장을 큐알 코드로 듣고 따라 하세요.**

4 우리말 뜻을 가리고 영어로 말해 보세요. (잘 안되면 잘 될 때까지 **3**을 반복하세요.)

저자 한동오

〈착! 붙는 여행영어〉의 무료 MP3를 듣는 방법!

• QR코드
  스마트폰으로 QR코드를 스캔하면 바로 단어와 문장을 원어민 발음으로 들으실 수 있습니다.

• 다운로드
  ❶ 랭기지플러스 홈페이지(https://www.sisabooks.com/langpl)에 로그인하시면 단어와 문장 음성 MP3를 무료로 다운로드 받으실 수 있습니다.
  ❷ 콜롬북스 어플을 다운로드 받으시면 MP3를 무료로 이용하실 수 있습니다.

목차

이 책의 구성과 특징 • 6
어디서나 써먹는 왕기초 표현 • 8

PART 1 기내

1 좌석 찾기 • 14
2 기내식과 간식 • 18
3 기내 서비스 • 22
4 신고서 작성 • 26
5 도움 요청 • 30

PART 2 입국

1 비행기 환승 • 36   📍환승할 때 꼭 알아야 할 TIP! • 40
2 입국 심사 • 42
3 수하물 찾기와 세관 신고 • 46
4 환전 • 50   📍미국 화폐 총정리 • 54
5 공항 서비스 • 56   📍공항에서 제공하는 특별한 서비스 • 60

PART 3 교통

1 버스 • 64
2 택시 • 68
3 지하철 • 72
4 기차 • 76

5 렌터카 • 80   📍운전할 때 꼭 알아야 할 표현 • 84

PART 4 숙소

1 체크인 • 88
2 숙소 알아보기 • 92
3 호텔 서비스 이용 • 96
4 문제 발생 • 100

5 체크아웃 • 104

PART 5 식당

1 식당 찾기 • 110
2 주문 • 114 📍**메뉴판 읽기** • 118
3 추가 요청과 문제 발생 • 120
4 후식 이용과 계산 • 124 📍**식사 후 팁을 어떻게 주어야 하나요?** • 128
5 다양한 식당 이용 • 130

PART 6 쇼핑

1 재래시장 • 136
2 매장 찾아가기 • 140
3 옷 구매 • 144 📍**옷 종류 총정리** • 148
4 계산 • 150 📍**이중으로 나가는 카드 수수료를 조심하세요!** • 154
5 교환과 환불 • 156

PART 7 관광

1 관광지 찾아가기 • 162
2 사진 찍기 • 166
3 박물관과 공연 • 170
4 야외 스포츠 • 174
5 놀이공원 • 178 📍**관광지 명칭 총정리** • 182

PART 8 귀국

1 공항 찾아가기 • 186
2 체크인 • 190
3 출국장 들어가기 • 194
4 면세점 • 198
5 비행기 탑승 • 202

이 책의 구성과 특징

이 책은 여행에 필요한 말을 적재적소의 상황에 내뱉을 수 있도록 빨리 찾을 수 있는 핵심 표현과 간단히 말할 수 있는 문장으로 구성했습니다. 현장감 있는 생생한 표현이 가득 들어 있는 〈착! 붙는 여행영어〉와 함께 자신 있게 어디든 떠나 보세요! 여러분의 여행에 든든한 동반자가 되기를 바랍니다.

어디서나 써먹는 왕기초 표현

어느 곳을 가든 반드시 써먹을 수 있는 필수 표현을 담았습니다. 잘 익혀서 여행지에서 간단한 인사 정도는 여유 있게 해 보세요!

빨리 단어로 말해요!

하고 싶은 말이 필요한 순간, 빨리 필요한 말을 찾아 쓸 수 있도록 상황별 핵심 표현을 구성했습니다.

간단히 문장으로 말해요!

핵심 표현으로만 전달하기 아쉬울 때, 문장으로 말해 보세요. 간결하게 구성된 문장으로 쉽고 간단히 하고 싶은 말을 할 수 있습니다. 상대방이 하는 말도 표기되어 있으니 센스 있게 대처해 보세요!

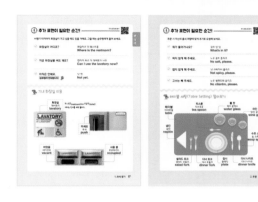

추가 표현이 필요한 순간!

예상치 못한 상황을 맞닥뜨렸을 때나 뭔가 더 요청하고 싶을 때 참고할 수 있도록 '추가 표현이 필요한 순간!'을 구성했습니다. 또 여행 시 피가 되고 살이 되는 유용한 정보도 가득 담았으니 꼭 활용해 보세요!

다양한 특별 페이지

아는 만큼 보이는, 모르면 손해인 여행 꿀팁을 담았습니다. 재미있게 읽으면서 여행 자신감을 키워 보세요!

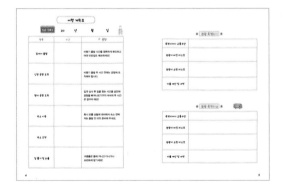

별책_TRAVEL NOTE

여행 준비물 체크 리스트, 여행 계획표, 왕기초 표현, 최소한의 여행영어, 여행 노트가 담겨진 별책을 제공합니다. 분리해서 간단하게 들고 다니세요.

어디서나 써먹는 왕기초 표현

문장 듣기

안녕하세요?
헬로 / 하이
Hello. / Hi.

안녕하세요?
굿 모올닝
Good morning.
굿 애프털눈
Good afternoon.
굿 이브닝
Good evening.

반가워요.
나이스투 밋츄
Nice to meet you.

잘 가요.
굿바이 / 굿나잇
Good bye. / Good night.

만나서 반가웠어요.
나이스 씨잉유
Nice seeing you.

감사합니다.
땡큐
Thank you.

좋은 하루 보내세요.
해버 굿대이
Have a good day.
해버 굿원
Have a good one.

천만에요.
유얼 웰컴
You're welcome.

죄송해요.
암쏘뤼
I'm sorry.

상대방에게 사과를 받았을 때
괜찮아요.
댓츠 오우케이
That's OK.

고맙지만 사양할게요.
노 땡쓰
No, thanks.

거절 할 때
전 괜찮아요.
암굿
I'm good.

저기요.
익스큐즈미
Excuse me.

문장 듣기

뭐라고요?
파알든
Pardon?

이해를 잘 못했어요.
아돈 겟잇
I don't get it.

전 영어를 잘 못해요.
아이 캔트 스픽 잉글리쉬 웨엘
I can't speak English well.

무슨 뜻인지 잘 모르겠네요.
아돈 언덜스태앤드
I don't understand.

잠시만요.
저스트어 모먼트
Just a moment.

이게 뭐예요?
왓츠 디스
What's this?

이거 주세요.
디스원 플리즈
This one, please.

얼마예요?
하우머취 이즈잇
How much is it?

계산서 주세요.
첵 플리즈
Check, please.

여기 있어요.
히얼유아알
Here you are.

네, 그렇게 해주세요.
예쓰 플리즈
Yes, please.

PART 1
기내

1 좌석 찾기

2 기내식과 간식

3 기내 서비스

4 신고서 작성

5 도움 요청

미국 샌프란시스코 금문교

✈

비행기에 탑승하면 탑승권(Boarding pass)에 적혀 있는 자리를 찾아갑니다. 찾기 어려우면 승무원에게 물어보세요. 자리를 찾았으면 좌석 위 짐칸에 짐을 넣은 후 앉으면 됩니다. 승무원 지시에 따라 안전벨트까지 매면 착석 완료!

🌐 빨리 단어로 말해요!

단어 바로 듣기

1
탑승권
보올딩 패스
boarding pass

2
내 자리
마이 씻
my seat

3
이쪽
디스 웨이
this way

4
지나가다
패스 뜨루
pass through

5
나를 도와주다
헤얼프 미
help me

6
공간이 없다
노우 룸
no room

7
짐칸
짐칸(들)
컴파알트먼츠
compartments

8
내 가방을 놓다
풋 마이 백
put my bag

9
자리 밑
언덜 더 씻
under the seat

10
안전벨트
씻 베얼트
seat belt

11
매다
패슨
fasten

12
보여 주다
쑈우
show

간단히 문장으로 말해요!

1 탑승권 좀 보여 주세요. 승무원이 물어봅니다.

보올딩 패스 플리즈
Boarding pass, please.

---

2 제 자리가 어디죠?

웨얼이즈 마이 씻
Where is my seat?

> **Tip** 승무원을 부를 때는 익스큐즈 미 (Excuse me)라고 먼저 하세요.

---

3 이쪽으로 오세요. 승무원이 안내합니다.

디스 웨이 플리즈
This way, please.

---

4 지나갈 수 있을까요?

캔아이 패스 뜨루
Can I pass through?

---

5 도와주실래요?

캔유 헤얼프 미
Can you help me?

---

6 내 가방을 놓을 공간이 없어요.

노우 룸 포얼 마이 백
No room for my bag.

> **Tip** 룸(room)은 보통 '방'이라는 뜻이지만 여기에서는 '공간'이라는 뜻으로 쓰였어요.

간단히 문장으로 말해요!

문장 바로 듣기

7 짐칸이 꽉 찼어요.

짐칸

더 컴파알트먼츠 아알 풀
The compartments are full.

---

8 어디에 가방을 놓을까요?

웨얼 캔아이 풋 마이 백
Where can I put my bag?

---

9 자리 밑에 놓으세요. 승무원이 안내합니다.

언덜 더 씻 플리즈
Under the seat, please.

---

10 안전벨트를 매주세요. 승무원이 안내합니다.

패슨 유얼 씻 베얼트 플리즈
Fasten your seat belt, please.

---

11 벨트를 어떻게 매죠?

하우 캔아이 패슨 마이 베얼트
How can I fasten my belt?

---

12 보여 드릴게요. 승무원이 안내합니다.

렛미 쑈우 유
Let me show you.

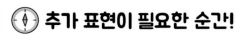

추가 표현이 필요한 순간!

추가 표현 바로 듣기

비행기 타자마자 화장실이 가고 싶을 때도 있을 거예요. 그럴 때는 승무원에게 물어 보세요.

✓ 화장실이 어디죠?

웨얼이즈 더 뤠스트룸
Where is the restroom?

✓ 지금 화장실을 써도 돼요?

캔아이 유즈 더 래버토리 나우
Can I use the lavatory now?

✓ 아직은 안돼요.
승무원이 안내합니다. 👂

낫 옛
Not yet.

🪧 기내 화장실 이용

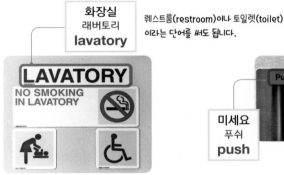

화장실
래버토리
lavatory

레스트룸(restroom)이나 토일렛(toilet)
이라는 단어를 써도 됩니다.

LAVATORY
NO SMOKING
IN LAVATORY

Push

OCCUPIED

미세요
푸쉬
push

비었음
배이컨트
vacant

사용 중
오큐파이드
occupied

LAVATORY LAVATORY

OCCUPIED

2 기내식과 간식

✈ 기내식이 오면 보통 승무원이 닭고기(chicken)를 먹을 것인지 소고기(beef)를 먹을 것인지를 물을 거예요. 그러면 하나를 선택해서 끝에 please[플리즈]를 붙여 말하면 돼요.

 🌐 빨리 단어로 말해요!

단어 바로 듣기

1
소고기 / 닭고기
비이프 / 취킨
beef / chicken

2
주세요
플리즈
please

3
특별 기내식
스페셜 미얼
special meal

4
물티슈
웻 와잎
wet wipe

5
더 많은 빵
모얼 브뤠드
more bread

6
마치다
퓌니쉬
finish

7
치우다
태익 어웨이
take away

8
나를 깨우다
웨익 미 업
wake me up

9
나중에
래이러
later

10
간식
스낵
snack

11
땅콩
피넛
peanut

12
물 한잔
어 글래스 옵 워러
a glass of water

간단히 문장으로 말해요!

1 소고기로 하시겠습니까, 닭고기로 하시겠습니까? 승무원이 물어봅니다. 👂

우쮸 라잌 비이프 오얼 취킨
Would you like beef or chicken?

---

2 소고기 주세요. / 닭고기 주세요.

비이프 플리즈 / 취킨 플리즈
Beef, please. / Chicken, please.

---

3 특별 기내식 시켰어요.

아이 오올덜드 어 스페셜 미얼
I ordered a special meal.

---

4 물티슈 주세요.

윗 와잎 플리즈
Wet wipe, please.

---

5 빵 좀 더 주세요.

모얼 브뤠드 플리즈
More bread, please.

---

6 식사 마치셨습니까? 승무원이 물어봅니다. 👂

알유 퓌니쉬드
Are you finished?

7 치워 주세요.

태익 디스 어웨이 플리즈
Take this away, please.

8 식사 시간에 깨워 주세요.

웨익 미 업 포얼 더 미얼 플리즈
Wake me up for the meal, please.

9 나중에 먹을래요.

아이드 라익 투 이릿 래이러
I'd like to eat it later.

> **Tip** 아이드 라익(I'd like ~): ~하고 싶습니다
> 무언가를 요청할 때 공손하게 말해 보세요.

10 간식 좀 먹을 수 있을까요?

캔아이 햅 썸 스낵스
Can I have some snacks?

11 땅콩 좀 먹을 수 있을까요?

캔아이 햅 썸 피넛츠
Can I have some peanuts?

12 물 한잔 마실 수 있을까요?

캔아이 해버 글래스 옵 워러
Can I have a glass of water?

추가 표현이 필요한 순간!

추가 표현 바로 듣기

대개 항공사에서는 다양한 음료를 제공합니다. 취향에 맞게 즐겨 보세요.

✓ **어떤 음료 드시겠습니까?**
　승무원이 물어봅니다.
　왓 우쥬 라잌 투 듀륑
　What would you like to drink?

✓ **다이어트 콜라 주세요.**
　다이엇 코크 플리즈
　Diet coke, please.

　Tip 음료 이름 끝에 플리즈 (please)만 붙이세요.

✓ **얼음 넣어서 콜라 주세요.**
　코크 윗 아이스 플리즈
　Coke with ice, please.

✓ **우유 넣어서 커피 주세요.**
　커퓌 윗 미얼크 플리즈
　Coffee with milk, please.

기내식에서 제공하는 음료

레드 와인
뤠드 와인
red wine

화이트 와인
와잇 와인
white wine

녹차
그륀 티
green tea

홍차
티
tea

사이다
스프라잇
sprite

오렌지 주스
어륀쥐 쥬우스
orange juice

토마토 주스
토매이로 쥬우스
tomato juice

사과 주스
애쁘얼 쥬우스
apple juice

맥주
비이어
beer

3 기내 서비스

 비행기 내에는 여러 가지 서비스가 준비되어 있어요. 기내에서 요청할 수 있는 물품의 명칭 정도는 잘 익혀서 필요한 것을 부탁해 보세요.

🌐 빨리 단어로 말해요!

단어 바로 듣기

1
베개
필로우
pillow

2
담요
블랭킷
blanket

3
티슈
티이슈
tissue

4
수면 안대
슬리핑 매스크
sleeping mask

5
헤드폰
헤드포온스
headphones

6
귀마개
이얼플럭쓰
earplugs

7
일회용 반창고
밴드 애이드
band-aid

8
붕대
밴디지
bandage

9
신문
뉴스패이펄
newspaper

10
슬리퍼
슬리퍼얼즈
slippers

11
생리대
쌔니터뤼 냅킨
sanitary napkin

12
작동이 안 되는
낫 월킹
not working

간단히 문장으로 말해요!

1 베개 좀 주시겠어요?

캔아이 해버 필로우

Can I have a pillow?

2 담요 좀 주시겠어요?

캔아이 해버 블랭킷

Can I have a blanket?

 캔아이 햅(Can I have) ~?
= 캔아이 겟(Can I get) ~?
: ~ 좀 받을 수 있어요?

3 티슈 좀 주시겠어요?

캔아이 해버 티이슈

Can I have a tissue?

4 수면 안대 좀 주시겠어요?

캔아이 게러 슬리핑 매스크

Can I get a sleeping mask?

5 헤드폰 좀 주시겠어요?

캔아이 겟 헤드포온스

Can I get headphones?

 헤드폰과 귀마개는 두 개가 한 쌍을
이루니까 뒤에 -s가 붙어요.

6 귀마개 좀 주시겠어요?

캔아이 겟 이얼플럭쓰

Can I get earplugs?

문장 바로 듣기

7 일회용 반창고 있어요?

두유 해버 밴드 애이드

Do you have a band-aid?

---

8 붕대 있어요?

두유 해버 밴디지

Do you have a bandage?

---

9 신문 있어요?

두유 해버 뉴스패이펄

Do you have a newspaper?

---

10 슬리퍼 있어요?

두유 햅 슬리퍼얼즈

Do you have slippers?

---

11 생리대 있어요?

두유 해버 쌔니터뤼 냅킨

Do you have a sanitary napkin?

---

12 내 헤드폰이 작동이 안 돼요.

마이 헤드포온쓰 아알 낫 월킹

My headphones are not working.

추가 표현이 필요한 순간!

추가 표현 바로 듣기

공항에서 망설이다 사지 못한 면세품이 있나요? 그렇다면 앞좌석 주머니에서 면세품 안내 책자를 살펴보고 마음에 드는 것을 골라 승무원에게 주문해 보세요.

⊘ 이거 살게요.

아이드 라일 디스 원
I'd like this one.

⊘ 카드로[현금으로] 낼게요.

아윌 페이 바이 카알드[캐쉬]
I'll pay by card[cash].

⊘ 한국 돈도 돼요?

이즈 코리언 원 오우케이
Is Korean won okay?

🪧 알면 도움되는 기내 서비스

◀ 케이크(Cake) 서비스
생일이나 신혼여행 등 기념일(anniversary)에는 케이크를 받을 수 있어요. 서비스를 받으려면 탑승 전에 온라인으로 신청해야 합니다.

▶ 그루밍 키트(Grooming Kit) 서비스
세안용품, 칫솔, 치약, 면도기, 수면 안대, 슬리퍼 등이 들어 있는 키트를 요청할 수 있어요. 항공사마다 요건이 조금씩 다릅니다.

◀ 어린이 키트(Kit for Children) 서비스
어린이를 위한 색칠하기, 놀이용 카드 등의 키트를 요청할 수 있어요. 어린이가 아닌 경우도 카드를 제공받아 지루한 시간을 재미있게 보낼 수 있습니다.

4 신고서 작성

✈ 승무원이 신고서를 나눠줄 거예요. 각 나라마다 요구하는 출입국 신고서 및 세관 신고서를 작성해야 돼요. 그럼 신고서 작성법을 알아 볼까요?

 빨리 단어로 말해요!

 단어 바로 듣기

1
입국 신고서
어라이벌 카알드
arrival card
landing card[랜딩 카알드]라고도 해요.

2
성
풰밀리 내임
family name
last name이라고도 해요.

3
이름
펄스트 내임
first name
given name이라고도 해요.

4
생년월일
대잇 옵 버얼쓰
date of birth

5
출생 국가
컨츄리 옵 버얼쓰
country of birth

6
국적
내셔널리티
nationality

7
직업, 직업명
아큐패이션
occupation

8
체류지 주소
어듀레스 인 ○○
address in ○○

9
여권 번호
패스포올트 넘버얼
passport no.

10
거주 국가
컨츄리 옵 뤠지던스
country of residence

11
여권 발행 국가
플래이스 옵 이슈
place of issue

12
체류 기간
렝스 옵 스때이
length of stay
duration of stay라고도 해요.

영국 입국 신고서

※ 모두 대문자로 작성하세요.

Home Office
UK Border Agency
LANDING CARD
Immigration Act 1971

Please complete clearly in English and BLOCK CAPITALS
Veuillez répondre en anglais et EN LETTRES MAJUSCULES
Por favor completar escribiendo con claridad en inglés y en MAYÚSCULAS

성 — **Family name / Nom / Apellidos**
LEE

이름 — **First name(s) / Prénom / Nombre**
SUJIN

성별 — **Sex / Sexe / Sexo** ☐ M ☑ F
Date of birth / Date de naissance / Fecha de Nacimiento
D D M M Y Y Y Y
0 5 1 2 1 9 9 0 — 생년월일

태어난 도시 — **Town and country of birth / Ville et pays de naissance / Ciudad y país de nacimiento**
SEOUL, KOREA

국적 — **Nationality / Nationalité / Nacionalidad**
KOREA
Occupation / Profession / Profesión
STUDENT — 직업

체류지 주소 — **Contact address in the UK (in full) / Adresse (complète) au Royaume-Uni / Dirección de contacto en el Reino Unido (completa)**
KENT HOTEL IN LONDON

여권 번호 — **Passport no. / Numéro de passeport / Número de pasaporte**
M12345678
Place of issue / Lieu de délivrance / Lugar de emisión
KOREA — 여권 발급지

Length of stay in the UK / Durée du séjour au Royaume-Uni / Duración de su estancia en el Reino Unido
5DAYS — 체류기간

최종 출발지 — **Port of last departure / Dernier lieu de départ / Último punto de partida**
INCHEON

Arrival flight/train number/ship name / Numéro de vol/numéro de train/nom du navire d'arrivée / Número de vuelo/número de tren/nombre del barco/de llegada
DL7939 — 비행기 편명

Signature / Signature / Firma
LEE — 서명

IF YOU BREAK UK LAWS YOU COULD FACE IMPRISONMENT AND REMOVAL
SI VOUS ENFREIGNEZ LES LOIS BRITANNIQUES, VOUS VOUS EXPOSEZ À UNE PEINE D'EMPRISONNEMENT ET LA DÉPORTATION
SI INFRINGE LAS LEYES DEL REINO UNIDO PUEDE TENER QUE AFRONTAR ENCARCELAMIENTO Y ALEJAMIENTO

CAT	-16	CODE	NAT	POL

For official use / A usage officiel / Para uso oficial

직업
회사원 OFFICE WORKER   공무원 PUBLIC SERVANT   교사 TEACHER
자유 직업가 FREELANCER   주부 HOUSEWIFE   학생 STUDENT
사업가(자영업 포함) BUSINESSMAN

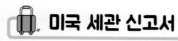

미국 세관 신고서

※ 미국은 세관 신고서만 작성하면 됩니다. (JFK 공항은 모두 면제) 가족당 한 장만 작성하면 돼요.

This Space For Official Use Only

U.S. Customs and Border Protection

U.S. Customs and Border Protection Welcomes You to the United States
U.S. Customs and Border Protection is responsible for protecting the United States against the illegal importation of prohibited items. CBP officers have the authority to question you and to examine you and your personal property. If you are one of the travelers selected for an examination, you will be treated in a courteous, professional, and dignified manner. CBP Supervisors and Passenger Service Representatives are available to answer your questions. Comment cards are available to compliment or provide feedback.

Important Information
U.S. Residents—Declare all articles that you have acquired abroad and are bringing into the United States.
Visitors (Non-Residents)—Declare the value of all articles that will remain in the United States.
Declare all articles on this declaration form and show the value in U.S. dollars. For gifts, please indicate the retail value.
Duty—CBP officers will determine duty. U.S. residents are normally entitled to a duty-free exemption of $800 on items accompanying them. Visitors (non-residents) are normally entitled to an exemption of $100. Duty will be assessed at the current rate on the first $1,000 above the exemption.

Customs Declaration
FORM APPROVED OMB NO.1651-0009
19 CFR 122.27, 148.12, 148.13, 148.110, 148.111, 19 USC 1498; 31 CFR 5316

Each arriving traveler or responsible family member must provide the following information (only ONE written declaration per family is required). The term "family" is defined as "members of a family residing in the same household who are related by blood, marriage, domestic relationship, or adoption."

성 → 1 Family Name **LEE**
이름 → First (Given) **SUJIN** Middle **비워두세요**

생년월일(월, 일, 연도 순으로) → 2 Birth date Month **1 2** Day **0 5** Year **9 0**

동반 가족 수 → 3 Number of Family members traveling with you **NONE**

4 (a) U.S. Street Address (hotel name/destination)
SHERATON SEATTLE HOTEL
호텔명이나 체류지 주소 → (b) City **SEATTLE** (c) State **WA**

여권 발행 국가 → 5 Passport issued by (country) **SOUTH KOREA**
6 Passport number **M12345678** **여권 번호**
거주 국가 → 7 Country of Residence **SOUTH KOREA**

미국 도착 전 방문 국가 → 8 Countries visited on this trip prior to U.S. arrival **NONE**

항공사 편명 → 9 Airline/Flight No. or Vessel Name **OZ272**

10 The primary purpose of this trip is business: Yes No **X**
11 I am (We are) bringing
(a) fruits, vegetables, plants, seeds, food, insects: Yes No **X**
(b) meats, animals, animal/wildlife products: Yes No **X**
(c) disease agents, cell cultures, snails: Yes No **X**
(d) soil or have been on a farm/ranch/pasture: Yes No **X**
12 I have (We have) been in close proximity of livestock:
(such as touching or handling) Yes No **X**
13 I am (We are) carrying currency or monetary instruments over $10,000 U.S. or foreign equivalent: Yes No **X**
(see definition of monetary instruments on reverse)
14 I have (We have) commercial merchandise: Yes No **X**
(articles for sale, samples used for soliciting orders, or goods that are not considered personal effects)
15 RESIDENTS—the total value of all goods, including commercial merchandise I/we have purchased or acquired abroad, (including gifts for someone else but not items mailed to the U.S.) and am/are bringing to the U.S. is: $
VISITORS—the total value of all articles that will remain in the U.S., including commercial merchandise is: $

Read the instructions on the back of this form. Space is provided to list all the items you must declare.

I HAVE READ THE IMPORTANT INFORMATION ON THE REVERSE SIDE OF THIS FORM AND HAVE MADE A TRUTHFUL DECLARATION.

X SUJIN LEE **12/05/19** **날짜(월/일/년)**
Signature **서명** Date (month/day/year)

CBP Form 6059B (11/16)

(중간 오른쪽 설명)
...ts—To prevent the entry of dangerous agricultural pests and prohibited wildlife, the following are restricted: vegetables, plants, plant products, soil, meat, meat products, ...nails, and other live animals or animal products. Failure to declare such items to a Customs and Border Protection Officer/ ...r Protection Agriculture Specialist/Fish and ...result in penalties and the items may be ...seizure.

...s, obscene articles, and toxic substances are generally prohibited entry. The importation of merchandise into the U.S. that infringes intellectual property rights may ...lers to civil or criminal penalties and may pose serious risk to safety or health.

...ncy or monetary instruments, regardless of ...s legal. However, if you bring into or take out of the United ...than $10,000 (U.S. or foreign equivalent, or a combination ...botn), you are required by law to file a report on FinCEN 105 (formerly Customs Form 4790) with U.S. Customs and Border Protection. Monetary instruments include coin, currency, travelers checks and bearer instruments such as personal or cashiers checks and stocks and bonds. If you have someone else carry the currency or monetary instrument for you, you must also file a report on FinCEN 105. Failure to file the required report or failure to report the total amount that you are ...

10. 방문 목적이 비즈니스인가요?
11. 이 중에 가져온 것이 있나요?
　(a) 과일, 채소, 식물, 종자, 식품, 곤충
　(b) 육류, 동물, 동물/야생 동물 제품
　(c) 병원체, 세포배양물, 달팽이
　(d) 흙을 소지하거나 농장/목장 등을 방문
12. 가축을 만지거나 다른 접이 있나요?
13. 만불이상 소지하고 있다.
14. 판매 목적의 상품을 소지하고 있다.
15. 거주자-해외에서 구입 후 반입하는 모든 물품의 가치
　방문객-시판용 상품 포함 미국에 남겨둘 모든 물품의 가치

PAPERWORK REDUCTION ACT STATEMENT: An agency may not conduct or sponsor an information collection and a person is not required to respond to this information unless it displays a current valid OMB control number. The control number for this collection is 1651-0009. The estimated average time to complete this application is 4 minutes. Your response is mandatory. If you have any comments regarding the burden estimate you can write to U.S. Customs and Border Protection Office of Regulations and Rulings, 90 K Street, NE, 10th Floor, Washington, DC 20229.

CBP Form 6059B (11/16)

추가 표현이 필요한 순간!

추가 표현 바로 듣기

입국 신고서 및 세관 신고서를 쓸 때 사용하게 되는 간단한 표현을 알아볼까요?

⊘ 펜 있나요?

두유 해버 펜
Do you have a pen?

⊘ 이거 맞나요?
　맞게 썼는지 승무원에게 확인할 때

이즈 디스 롸잇
Is this right?

⊘ 확인 좀 해 줄 수 있어요?

캔유 쉨 디스
Can you check this?

⊘ 한 장 더 주세요.

김미 원 모얼 플리즈
Give me one more, please.

신고서 명칭

세관 신고서
Customs Declaration
커스텀스 데크러뤠이션

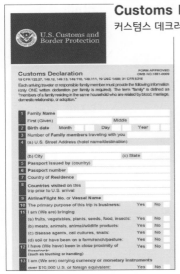

입국 신고서 (세 가지 명칭이 있어요.)
1. **Entry Card** 엔트리 카알드
2. **Landing Card** 랜딩 카알드
3. **Disembarkation Card** 디스임바캐이션 카알드

✈

비행 중 몸에 이상이 있을 때는 승무원에게 알리세요. 간단한 응급 처치나 상비약을 제공받을 수 있어요. 하지만 개인 약은 본인이 잘 챙겨야 해요! 증상이 심할 때는 기내에 의사가 있는지 확인하는 방송을 하여 도움을 받을 수도 있답니다.

빨리 단어로 말해요!

단어 바로 듣기

1
감기
코울드
cold

2
기침
커프
cough

3
열
퓌벌
fever

4
콧물
뤄니 노우즈
runny nose

5
목 통증
쏘얼 뜨로웃
sore throat

6
오한
춰얼
chill

7
소화불량
인디제스쳔
indigestion

8
배탈
업셋 스토마크
upset stomach

9
어지러운
디지이
dizzy

10
비행기 멀미
에얼씩
airsick

11
매스꺼운
노우셔스
nauseous

12
토함
바미링
vomiting

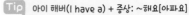

1 감기 걸렸어요.

아이 해버 코울드

I have a cold.

Tip 아이 해버(I have a) + 증상: ~해요[아파요]

---

2 기침이 나요.

아이 해버 커프

I have a cough.

---

3 열이 나요.

아이 해버 퓌벌

I have a fever.

---

4 콧물이 나요.

아이 해버 뤄니 노우즈

I have a runny nose.

---

5 목이 아파요.

아이 해버 쏘얼 뜨로웃

I have a sore throat.

---

6 오한이 와요.

아이 햅 더 취얼스

I have the chills.

7 소화가 안돼요.

아이 햅 인디제스쳔
I have indigestion.

---

8 배탈이 났어요.

아이 해번 업셋 스토마크
I have an upset stomach.

---

9 어지러운 것 같아요.

아이 퓌얼 디지이
I feel dizzy.

 아이 퓌얼(I feel) + 느낌: ~한 것 같아요

---

10 비행기 멀미가 나는 것 같아요.

아이 퓌얼 에얼씩
I feel airsick.

---

11 속이 매스꺼운 것 같아요.

아이 퓌얼 노우셔스
I feel nauseous.

---

12 토할 것 같아요.

아이 퓌얼 라잌 바미링
I feel like vomiting.

추가 표현이 필요한 순간!

추가 표현 바로 듣기

「I have a 신체 + ache」는 그 신체 부위가 아프다는 표현이 돼요.

✓ 배가 아파요.　　　　　　아이 해버 스토마크애잌
I have a stomachache.

✓ 이가 아파요.　　　　　　아이 해버 투쓰애잌
I have a toothache.

✓ 머리가 아파요.　　　　　　아이 해버 해드애잌
I have a headache.

🪧 기내에서 요청할 수 있는 약 종류

소화제
다이제스티브 메디씬
digestive medicine

두통약, 진통제, 해열제
타이레놀, 애스피린
tylenol, aspirin

멀미약
메디씬 포얼 노우지아
medicine for nausea

연고
오인먼트
ointment

5. 도움 요청　**33**

PART 2
입국

1 비행기 환승

2 입국 심사

3 수하물 찾기와 세관 신고

4 환전

5 공항 서비스

호주 시드니 오페라하우스

1 비행기 환승

경유지에 내려 Transfer 혹은 Transit 표지판을 따라가세요. 간단한 보안 검사를 거치는 경우도 있지만 대부분 바로 환승 카운터(Transfer counter)로 가게 돼요. 그곳에서 새로운 탑승권을 발급 받아 탑승 게이트(Boarding gate)로 가면 끝!

🛂 빨리 단어로 말해요!

단어 바로 듣기

1

환승 수속대
트랜스퍼 카운털
transfer counter

2

LA를 경유
스땁오우벌 인 엘에이
stopover in L.A.

3

뉴욕에 가다
고 투 뉴요옥
go to New York

4

환승객
트랜스퍼 패신져
transfer passenger

5

게이트, 탑승구
개이트
gate

6

탑승 시간
보올딩 타임
boarding time

7

여기서 기다리다
웨잇 히얼
wait here

8

얼마나 오래
하우 롱
how long

9

라운지, 대합실
라운지
lounge

10

면세점
듀리프뤼 샵
duty-free shop

11

도시 관광 버스
씨리 투얼 버스
city tour bus

12

시내로 가다
겟 다운타운
get downtown

간단히 문장으로 말해요!

문장 바로 듣기

1 환승 수속대가 어디 있나요?

 트랜스퍼(transfer)와 트랜짓(transit)은 '환승'이라는 뜻으로 비슷하게 쓰여요.

웨얼이즈 더 트랜스퍼 카운털

Where is the transfer counter?

2 LA를 경유합니다.

아이 해버 스땁오우벌 인 엘에이

I have a stopover in L.A.

3 저는 뉴욕에 가요.

암 고잉 투 뉴요옥

I'm going to New York.

4 저는 런던행 환승객입니다.

암 어 트랜스퍼 패신져 포얼 런던

I'm a transfer passenger for London.

5 게이트 A가 어디죠?

웨얼이즈 개잇 애이

Where is Gate A?

6 탑승 시간이 언제죠?

웬이즈 보올딩 타임

When is boarding time?

입국

간단히 문장으로 말해요!

문장 바로 듣기

---

7 여기서 기다리나요?

두아이 웨잇 히어얼

Do I wait here?

---

8 경유 시간이 얼마나 오래 걸리죠?

하우롱 이즈 더 스땁오우벌

How long is the stopover?

> **Tip** ① 대기 시간이 6시간 이내인 경우 면세점을 둘러보며 쇼핑을 합니다.
> ② 대기 시간이 6시간 이상인 경우 경유하는 나라에서 간단히 관광을 하면 좋아요.

---

9 승객 대합실이 있나요?

이즈데얼 어 라운지 포얼 패신절스

Is there a lounge for passengers?

---

10 면세점이 있나요?

알데얼 애니 듀리프뤼 샵스

Are there any duty-free shops?

---

11 도시 관광 버스를 이용할 수 있나요?

캔아이 유저 씨리 투얼 버스

Can I use a city tour bus?

---

12 시내로 나가려면 어떻게 해야 돼요?

하우 캔아이 겟 다운타운

How can I get downtown?

추가 표현이 필요한 순간!

추가 표현 바로 듣기

비행기를 갈아타는 경우 대부분 처음 출발지에서 부친 수하물을 그대로 최종 목적지까지 전달해 줘요. 하지만 경유하는 공항에서 수하물을 찾아 다시 부쳐야 하는 경우도 있으니 출발 공항에서 그 점을 꼭 확인하세요. 확인을 못했다면 환승 공항에서 승무원에게 물어보세요.

☑ **환승하면서 가방을 찾아 가나요?**

두아이 픽업 마이 백 웬 아이 트랜스퍼
Do I pick up my bag when I transfer?

🪧 비행기 환승 시 탑승권

❶ 출발 공항에서 두 장의 탑승권을 받는 경우

게이트는 보통 두 시간 전에 확정이 되기 때문에 두 번째 탑승권에는 게이트 번호가 나와 있지 않는 경우가 많아요. 대신 갈아탈 비행기 번호(Flight number)가 탑승권에 나와 있으니 환승하는 공항에서 전광판을 보고 비행기 번호와 일치하는 게이트를 찾아가면 돼요.

두 번째 탑승권엔 게이트 번호가 없어요.

갈아탈 비행기 번호

❷ 출발 공항에서 한 장의 탑승권만 받는 경우

환승하는 공항에서 Transfer 표지판을 따라가다가 Transfer counter 혹은 Transfer desk를 찾아 해당 항공사 카운터에서 체크인을 합니다. 여기서 갈아탈 비행기의 탑승권을 받으면 돼요.

입국

📍 환승할 때 꼭 알아야 할 TIP!

1. 비행기를 놓쳤을 경우 대처 방법

> 비행기를 놓쳤어요.
> 아이 미쓰드 마이 플라잇
> **I missed my flight.**

1 첫 비행기가 연착되어 다음 비행기를 놓쳤을 때

항공사 연결편인 경우 첫 비행기 항공사가 책임을 져 주니 걱정 마세요.

비행기가 연착됐어요.
마이 플라잇 워즈 딜레이드
My flight was delayed.

LA행 다음 비행기는 언제 있나요?
웬이즈 더 넥스트 플라잇 투 엘에이
When is the next flight to L.A.?

2 본인의 실수로 갈아탈 비행기를 놓쳤을 때

실수로 비행기를 놓쳤더라도 항공권 규정에 따라 수수료를 부담하고 항공편을 변경하거나 기존 항공권을 환불하고 새 항공권을 예약하면 됩니다.

비행기를 놓쳤어요.
아이 미쓰드 마이 플라잇
I missed my flight.

다음 비행기는 언제 있나요?
웬이즈 더 넥스트 플라잇
When is the next flight?

다음 비행기는 오후 9시에 있습니다.
더 넥스트 플라잇 이즈 앳 나인 피엠
The next flight is at 9 p.m.

수수료를 내야 하나요?
두아이 햅투 패이 어 퓌
Do I have to pay a fee?

2. 환승객을 위한 공항 서비스

터키의 이스탄불, 카타르의 도하, 대만 타이베이, 싱가포르 창이 공항에서는 환승객에게 공짜 관광 투어를 제공하니 꼭 이용하세요.

1 터키 이스탄불

터키 항공의 경우 국제선 환승 대기 시간이 6시간 이상이면 무료 셔틀 버스와 식사비 1회를 제공합니다.

2 카타르 도하

카타르 항공의 경우 대기 시간이 5시간 이상이면 무료 셔틀 버스를 제공합니다.

3 대만 타이베이

타이베이 타오위안 공항에서 대기 시간이 7시간 이상이면 무료 반일 투어 서비스가 제공됩니다.

4 싱가포르 창이

싱가포르 창이 공항에서 대기 시간이 5시간 30분 이상이면 공짜 투어를 제공받을 수 있습니다. 싱가포르 항공 사무소를 통해 싱가폴 도착 최소 72시간 전까지 사전 예약이 가능합니다. 한국 싱가포르 항공 사무소로 전화를 해서 예약하거나 현지에서 바로 신청할 수도 있습니다.

2 입국 심사

입국 심사를 받을 때는 외국인 전용(Foreign Passport) 심사대 앞에 줄을 서서 차례가
되면 여권과 입국 신고서를 제출하세요. 이때는 모자, 마스크, 선글라스를 벗고 휴대폰
사용을 중지해야 해요. 이제 입국 심사관의 간단한 질문에 답변해 볼까요?

빨리 단어로 말해요!

단어 바로 듣기

1

목적
펄페스
purpose

2

이유, 본질
내이철
nature

3

관광
싸잇씽
sightseeing

4

얼마나
하우롱
how long

5

며칠간
하우 매니 데이즈
how many days

6

5일
파이브 데이즈
five days

7

어디에
웨얼
where

8

호텔
호테얼
hotel

9

돌아가는 비행기 티켓
뤼턴 티킷
return ticket

10

여기
히얼
here

11

첫 번째 방문
펄스트 비짓
first visit

12

두 번째 방문
쎄컨 비짓
second visit

간단히 문장으로 말해요!

문장 바로 듣기

1 무슨 목적으로 방문했나요? `심사관이 물어봅니다.` 🔊

왓츠 더 펄페썹 유얼 비짓
What's the purpose of your visit?

입국

2 무슨 이유로 방문했나요? `심사관이 물어봅니다.` 🔊

왓츠 더 내이쳘 옵 유얼 비짓
What's the nature of your visit?

3 관광이요.

포얼 싸잇씽
For sightseeing.

> **+ 추가 표현**
> 공부하러 왔어요. / 사업차 왔어요.
> 포얼 스터딩 / 포얼 비즈니스
> **For studying. / For business.**

4 얼마나 머무실 건가요? `심사관이 물어봅니다.` 🔊

하우롱 윌유 스때이
How long will you stay?

5 며칠간 머무실 건가요? `심사관이 물어봅니다.` 🔊

하우매니 대이즈 윌유 스때이
How many days will you stay?

6 5일이요.

포얼 파이브 대이즈
For five days.

> **+ 추가 표현**
> 일주일 정도요.
> 포얼 어바우러 윅
> **For about a week.**

간단히 문장으로 말해요!

문장 바로 듣기

---

7 어디에 묵으실 겁니까? 심사관이 물어봅니다.

웨얼 윌 유 스때이
Where will you stay?

---

8 플라자 호텔이요.

앳더 플라자 호테얼
At the Plaza Hotel.

➕ 추가 표현
친구 집이요.
앳 마이 프렌즈 플래이스
At my friend's place.

---

9 돌아가는 비행기 티켓 있어요? 심사관이 물어봅니다.

두유 해버 뤼턴 티킷
Do you have a return ticket?

---

10 여기 있습니다.

히얼 잇이즈
Here it is.

---

11 처음으로 오시는 겁니까? 심사관이 물어봅니다.

이즈디스 유얼 펄스트 비짓
Is this your first visit?

---

12 아니요, 두 번째입니다.

노우 잇츠 마이 쎄컨 비짓
No, it's my second visit.

➕ 추가 표현
네, 처음입니다.
예스 잇츠 마이 펄스트 비짓
Yes, it's my first visit.

추가 표현이 필요한 순간!

추가 표현 바로 듣기

입국 심사관이 물어볼 수 있는 다른 질문에도 대비해 볼까요?

What do you do? 라고 물어 보는 경우도 있어요.
미국은 '와 류유 두' 영국은 '왓 듀유 두'라고 발음 됩니다.

직업이 무엇입니까?
왓츠 유얼 쟙
What's your job?

학생입니다.
암 어 스뜌던트
I'm a student.

회사원입니다.
아이 월크 앳어 컴퍼니
I work at a company.

입국

출장인가요, 여행인가요?
비즈니스 오얼 플래져
Business or pleasure?

출장이요. / 여행이요.
비즈니스   플래져
Business. / Pleasure.

Business와 Pleasure 둘 중
하나를 골라 대답하세요.

입국 심사 시 미리 준비하면 좋은 것들

❶ 이티켓(e-ticket) 출력물

돌아오는 비행기편도
표시되어 있으면 더 좋아요.

❷ 호텔 예약 확인증

❸ 머무는 곳의 정확한 주소

친구집이나 친척집에 머물 예정이라면 머무는 곳의 정확한 주소를 준비하세요.

3 수하물 찾기와 세관 신고

입국 심사를 마치면 전광판을 보고 자신이 타고 온 비행기명과 수하물 수취대 번호를 확인하여 찾아가세요. 짐을 다 찾으면 나가면서 비행기 내에서 작성했던 세관 신고서를 공항 직원에게 제출하면 됩니다.

 빨리 단어로 말해요!

단어 바로 듣기

1
짐 찾는 곳
배기쥐 클래임
baggage claim

2
카트
카알트
cart
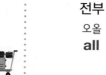

3
전부
오올
all

4
찾을 수 없다
캔트 파인드
can't find

5
나오지 않았다
디든 컴 아웃
didn't come out

6
부서진
브뤄큰
broken

7
분실 수하물 안내 카운터
로스트 배기쥐 카운털
lost baggage counter

8
수하물 표
배기쥐 클래임 택
baggage claim tag

9
검은색
블랙
black

10
이 정도 크기
디스 싸이즈
this size

11
신고하다
디클래어
declare

12
아무것도 없는
낫띵
nothing

간단히 문장으로 말해요!

문장 바로 듣기

1 짐 찾는 곳이 어디예요?

웨얼즈 더 배기쥐 클래임

Where's the baggage claim?

> **Tip** 배기쥐(baggage) = 러기쥐(luggage)
> 둘 다 '수하물'이라는 뜻이에요.

---

2 카트는 어디에 있지요?

웨얼아알 더 카알츠

Where are the carts?

---

3 저 짐들이 전부인가요? 짐이 다 나왔는지 확인하고 싶을 때

이즈 댓 오올 더 배기쥐

Is that all the baggage?

---

4 내 짐을 찾을 수 없어요.

아이 캔트 파인 마이 배기쥐

I can't find my baggage.

---

5 내 가방이 안 나왔어요.

마이 배기쥐 디든 컴 아웃

My baggage didn't come out.

---

6 내 가방이 부서졌어요.

마이 백 이즈 브뤄큰

My bag is broken.

간단히 문장으로 말해요!

문장 바로 듣기

7 분실 수하물 안내 카운터가 어디죠?

웨얼이즈 더 로스트 배기쥐 카운털
Where is the lost baggage counter?

---

8 여기 수하물 표가 있어요.

히얼이즈 마이 배기쥐 클래임 택
Here is my baggage claim tag.

> **Tip** 문제가 생겼을 때 출발 공항에서 받은 수하물 표를 직원에게 보여 주어야 해요.

---

9 내 가방은 검은색이에요.

마이 백 이즈 블랙
My bag is black.

---

10 내 가방은 이 정도 크기예요. 손으로 크기를 대략 그리면서

마이 백 이즈 디즈 싸이즈
My bag is this size.

---

11 신고할 거 있나요? 세관 직원이 물어봅니다.

애닛 띵 투 디클래어
Anything to declare?

---

12 아니요, 신고할 게 없어요.

노우 낫띵
No, nothing.

> ┼ 추가 표현
> 이것을 신고하고 싶어요.
> 아이 원투 디클래어 디스
> I want to declare this.

추가 표현이 필요한 순간!

추가 표현 바로 듣기

자신의 가방이 없어졌을 때 가방 종류를 설명하는 방법을 알아볼까요?

> **It's a/an**[잇츠 어/언] **+ 색깔 + 가방 종류**

✓ 초록색 슈트케이스예요.   잇츠 어 그리인 슛케이스
   It's a green suitcase.

✓ 주황색 배낭이에요.   잇츠 언 어륀지 백팩
   It's an orange backpack.

입국

색깔 종류						
와잇 **white**	뤠드 **red**	옐로우 **yellow**	어륀지 **orange**	그리인 **green**	퍼어플 **purple**
브라운 **brown**	카키 **khaki**	그뤠이 **gray**	라잇 블루 **light blue**	다아크 블루 **dark blue**	핑크 **pink**	블랙 **black**

가방 종류

레덜 백
leather bag

보스턴 백
boston bag

백팩
backpack

하알드 케이스
hard case

슛케이스
suitcase

캔버스 백
canvas bag

4 환전

미국이나 캐나다 달러는 한국에서(그것도 주 거래 은행에서) 환전하는 것이 좋아요. 하지만 국내 은행에서 잘 취급하지 않는 나라의 화폐는 한국에서 달러로 환전한 후 현지에서 다시 한번 환전하는 게 유리할 수 있으니 잘 확인해 보세요!

빨리 단어로 말해요!

단어 바로 듣기

1

환전하다
익스췌인지
exchange

2

환율
익스췌인지 뤠잇
exchange rate

3

여기 돈으로
투 유얼 머니
to your money

4

이것을 달러로
디스 투 다알러즈
this to dollars

5

십만 원
원헌드렛 따우전 원
100,000 won

6

이 지폐를 잔돈으로 바꾸다
브레익 디스 비이얼
break this bill

7

어떻게 원하세요?
하우 우쥬 라일
how would you like

8

소액권
스모올 비이얼
small bill

9

고액권
라알쥐 비이얼
large bill

10

전부 10달러
올 인 텐즈
all in tens

11

1달러 지폐
원 다알러 비이얼
one-dollar bill

12

잔돈
췌인지
change

간단히 문장으로 말해요!

문장 바로 듣기

1 어디에서 돈을 환전할 수 있어요?

 Tip 공항은 수수료가 비싸므로 교통비 등 일부만 바꾸고, 나머지는 은행이나 사설 환전소에서 바꾸세요.

웨얼 캔아이 익스췌인지 머니
Where can I exchange money?

---

2 환율이 어떻게 돼요?

왓츠 더 익스췌인지 뤠잇
What's the exchange rate?

---

3 한국 돈을 여기 돈으로 환전할 수 있나요?

 Tip 캔아이 익스췌인지 A 투 B (Can I exchange A to B)?: A를 B로 환전해 줄 수 있나요?

캔아이 익스췌인지 커리언 원 투 유얼 머니
Can I exchange Korean won to your money?

---

4 이걸 달러로 환전해 줄 수 있어요?

캔아이 익스췌인지 디스 투 다알러즈
Can I exchange this to dollars?

---

5 십만 원을 달러로 환전해 줄 수 있나요?

캔아이 익스췌인지 원헌드렛 따우전 원 투 다알러즈
Can I exchange 100,000 won to dollars?

---

6 이 지폐를 잔돈으로 바꿔 줄 수 있어요?

캔아이 브레익 디스 비어얼
Can I break this bill?

---

7 돈을 어떻게 드릴까요? 환전소에서 물어봅니다.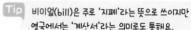

하우 우쥬 라잌 유얼 머니
How would you like your money?

---

8 소액권으로 주세요.

스모올 비이얼즈 플리즈
Small bills, please.

> **Tip** 비이얼(bill)은 주로 '지폐'라는 뜻으로 쓰이지만 영국에서는 '계산서'라는 의미로도 통해요.

---

9 고액권으로 주세요.

라알쥐 비이얼즈 플리즈
Large bills, please.

---

10 전부 10달러 지폐로 주세요.

아이드 라잌 올 인 텐즈
I'd like all in tens.

---

11 1달러 지폐를 10장 주시겠어요?

캔아이 햅 텐 원 다알러 비이얼즈
Can I have 10 one-dollar bills?

---

12 잔돈이 필요해요.

아이 니드 썸 췌인지
I need some change.

추가 표현이 필요한 순간!

추가 표현 바로 듣기

돈을 읽는 법을 알아두면 현지에서 환전할 때 도움이 될 거예요.

✅ **천 원**　　　　**(one) thousand won** (원) 따우전 원

✅ **만 원**　　　　**ten thousand won** 텐 따우전 원

✅ **오만 원**　　　**fifty thousand won** 핍티 따우전 원

✅ **십만 원**　　　**(one) hundred thousand won** (원) 헌드렛 따우전 원

✅ **백만 원**　　　**(one) million won** (원) 밀리언 원

입국

🪧 국가별 화폐 단위

$	달러(dollar)	미국, 캐나다, 호주, 뉴질랜드, 싱가포르, 홍콩, 타이완, 말레이시아
€	유로(euro)	벨기에, 핀란드, 프랑스, 독일, 그리스, 아일랜드, 이탈리아, 몰타, 오스트리아, 네덜란드, 포루투칼, 스페인, 모나코
₱	페소(peso)	필리핀, 멕시코, 아르헨티나, 콜롬비아, 쿠바, 우루과이
£	파운드(pound)	영국, 이집트, 수단
元	위안(yuan)	중국
₽	루블(ruble)	러시아
₫	동(VND)	베트남
¥	엔(yen)	일본
฿	바트(baht)	태국

📍 미국 화폐 총정리

1. 동전 coins(코인즈)

penny = 1 cent
원 센트

nickel = 5 cents
파이브 센츠

dime = 10 cents
텐 센츠

quarter = 25 cents
투에니 파이브 센츠

half dollar = 50 cents
퓌프티 센츠

dollar = 100 cents
원 헌드렛 센츠

2. 지폐 bills(비얼즈)

※ dollar달러 = buck벅
ex) 5 dollars파이브 다알러즈 = 5 bucks파이브 벅스

1 dollar
원 다알러

5 dollars
파이브 다알러즈

10 dollars
텐 다알러즈

20 dollars
투에니 다알러즈

50 dollars
핍티 다알러즈

100 dollars
원 헌드렛 다알러즈

5 공항 서비스

공항 안내소에 가면 여러 정보를 얻을 수 있어요. 지도나 지하철 노선도도 받을 수 있고요. 만일 호텔을 예약하지 못했다면 추천을 받을 수도 있어요. 그리고 공항에서 심카드나 포켓 와이파이를 준비하는 것도 좋겠죠?

빨리 단어로 말해요!

단어 바로 듣기

1
안내소
인폴매이션 데에스크
information desk

2
도와주다
헤얼프
help

3
시내 지도
씨리 맵
city map

4
지하철 노선도
썹웨이 맵
subway map

5
셔틀 버스
셔를 버스
shuttle bus

6
현금 인출기
애이티엠
ATM

7
호텔에 머물다
스때이 인 어 호테얼
stay in a hotel

8
예산
버짓
budget

9
더 싼
취펄
cheaper

10
식당
뤠스토런
restaurant

11
시내에 가다
겟 다운타운
get downtown

12
1일 승차권
원대이 패스
one-day pass

간단히 문장으로 말해요!

문장 바로 듣기

 입국

1 안내소가 어디에 있어요?

웨얼이즈 디 인폴매이션 데에스크
Where is the information desk?

---

2 무엇을 도와 드릴까요? 안내소에서 물어봅니다.

매아이 헤얼프 유
May I help you?

---

3 시내 지도를 받을 수 있나요?

캔아이 해버 씨리 맵
Can I have a city map?

> Tip
> 캔아이 해버(Can I have a) ~?
> = 캔아이 개러(Can I get a) ~?
> : ~ 좀 받을 수 있어요?

---

4 지하철 노선도를 받을 수 있나요?

캔아이 해버 썹웨이 맵
Can I have a subway map?

---

5 K 호텔로 가는 셔틀 버스가 있나요?

이즈데얼 어 셔를 버스 투 케이 호테얼
Is there a shuttle bus to K hotel?

---

6 현금 인출기가 어디에 있나요?

웨얼이즈 언 애이티엠
Where is an ATM?

간단히 문장으로 말해요!

7 호텔 숙박을 하고 싶은데요. 숙박 장소를 아직 못 구했을 때

아이드 라잌 투 스때이 인 어 호테얼
I'd like to stay in a hotel.

8 예산은 어떻게 되세요? 안내소에서 물어봅니다.

왓츠 유얼 버짓
What's your budget?

9 더 싼 곳도 있나요?

이즈데얼 애닛떵 취펄
Is there anything cheaper?

> **Tip** 이즈 데얼(Is there) ~?: ~가 있나요?

10 근처에 괜찮은 식당이 있나요?

이즈데얼 어 굿 뤠스토런 어롸운드 히얼
Is there a good restaurant around here?

11 시내는 어떻게 갈 수 있나요?

하우 캔아이 겟 다운타운
How can I get downtown?

12 1일 승차권을 어디에서 살 수 있나요?

웨얼 캔아이 바이 어 원데이 패스
Where can I buy a one-day pass?

추가 표현이 필요한 순간!

추가 표현 바로 듣기

공항에서 심카드나 포켓 와이파이 구매 방법을 알아 볼까요?

✓ 심카드를 사고 싶어요.

아이 원 어 심 카알드
I want a SIM card.

✓ 포켓 와이파이를 빌리고 싶어요.

아이 워너 뤤트 어 파킷 와이파이
I want to rent a pocket Wi-Fi.

입국

심카드와 포켓 와이파이

SIM card 심카드

자신의 휴대폰에 심카드를 갈아 끼우면 전화와 인터넷을 가장 저렴하게 사용할 수 있어요. 대부분 구매처에서 알아서 넣어 줍니다. 단점은 스마트폰의 유심을 변경하면서 전화번호도 바뀌게 돼요. 안 쓰는 전화기를 가져가서 그 전화기의 심카드를 바꾸는 방법도 있습니다.

pocket Wi-Fi 포켓 와이파이

쓰고 있는 스마트폰을 그대로 가져가므로 번호 변경이 없어 긴급 연락이 가능하며 가장 큰 장점은 여럿이 사용할 수 있다는 것입니다. 스마트폰 이외에 노트북, 태블릿 등의 다양한 기기도 동시에 이용할 수 있어 편리합니다.

📍 공항에서 제공하는 특별한 서비스

공항	서비스
인천 국제 공항	24시간 잠을 잘 수 있는 '릴렉스존' (1터미널과 2터미널 4층) 편하게 누워서 쉴 수 있는 '냅존' 무료 안마 의자 시설 샤워실 ❶ 제1터미널 (환승객 무료, 일반 유료) ・4층 면세지역 25, 29번 게이트 부근 & 탑승동 4층 중앙 ❷ 제2터미널(환승객만 이용 가능) ・4층 면세지역 321, 268번 게이트 부근 캐리어 수리 및 대여 서비스 (유료) 인천국제공항 제2터미널 지하1층 동편 사우나(스파온에어), 박물관, 영화관, 아이스링크
홍콩 첵랍콕 국제 공항	24시간 이용이 가능한 공항 버스 아시아 최대 4D극장, 미니 골프 코스, 도서관, 개인 샤워실, 수하물 보관소
싱가포르 창이 국제 공항	무료 시티 투어, 무료 영화, 무료 다리 마사지기, 수영장, 수하물 보관소, 스파 시설

말레이시아 쿠알라룸푸르 국제 공항	의료 서비스, 개인 샤워실, 레스트 죤(Rest Zone), 건물 내 호텔 위치
영국 런던 히드로 공항	24시간 이용 카페 (입국장), 4시간 무료 와이파이, 공항 라운지 서비스 (유료) - 음식 제공, 무료 와이파이, 스파, 마사지, 개인 샤워 시설
일본 하네다 공항	많은 충전 장소, 개인 샤워실, 카페 24시간 운영, 안전 요원 순찰 정보 제공 로봇 나오 (날씨, 도시 정보 등 제공)
독일 뮌헨 공항	유료 수면 캡슐, 미니 골프코스, 비어 가든, 스파, 게임 아케이드

여행을 많이 하시는 분은 세계적인 라운지 이용 프로그램인 '프라이어리티패스(www.priortypass.com)'사이트에 유료 회원으로 가입하면 좋아요. 한국어가 지원되니 마음 편하게 들어가 보세요.

PART 3
교통

1 버스

2 택시

3 지하철

4 기차

5 렌터카

체코 체스키크롬로프

1 버스

요즘은 교통카드 하나로 다양한 대중교통을 이용하곤 합니다. 대중교통을 이용할 일이 많지 않다면 필요할 때마다 요금을 지불하면 돼요. 버스는 표를 구매해야 하는 곳도 있고 현금을 내는 곳도 있으니 꼭 확인해 보세요.

빨리 단어로 말해요!

단어 바로 듣기

1
버스 정류장
버스땁
bus stop

2
버스표 매표소
버스 티킷 아퓌스
bus ticket office

3
어떤 버스
위치 버스
which bus

4
9번 버스
버스 넘벌 나인
bus number 9

5
현금
캐쉬
cash

6
버스표
버스 티킷
bus ticket

7
티켓 한 장
어 티킷
a ticket

8
요금
퀘얼
fare

9
다음 버스
넥스트 버스
next bus

10
얼마나 자주
하우 오픈
how often

11
분
미닛
minute

12
K 호텔로 가다
고우 투 케이 호테얼
go to K hotel

간단히 문장으로 말해요!

문장 바로 듣기

1 버스 정류장이 어디에 있어요?

웨얼이즈 더 버스땁

Where is the bus stop?

 '버스 스땁'이라고 하지 말고 '스' 발음은
한번만 해서 버스땁으로 발음하세요!

---

2 버스 매표소가 어디에 있어요?

웨얼이즈 더 버스 티킷 아퓌스

Where is the bus ticket office?

---

3 K 호텔 가려면 어떤 버스 타야 돼요?

위치버스 두아이 태잌 투 케이 호테얼

Which bus do I take to K hotel?

---

4 9번 버스를 타시면 됩니다. 상대방이 대답합니다.

유캔 태잌 더 버스 넘벌 나인

You can take the bus number 9.

┼ **추가 표현**
버스 번호는 bus number 다음 해당 숫
자를 붙이면 됩니다.

- 6번 버스: bus number six(6)
- 10번 버스: bus number ten(10)

---

5 현금 내도 되나요?

캔아이 유즈 캐쉬

Can I use cash?

 거스름돈을 주지 않는 경우가 많으니 꼭
알맞은 금액을 준비하세요!

---

6 버스표가 필요한가요?

두아이 니더 버스 티킷

Do I need a bus ticket?

교통

간단히 문장으로 말해요!

문장 바로 듣기

7 K 호텔 가는 표 한 장 주세요.

어 티킷 투 케이 호테얼 플리즈
A ticket to K hotel, please.

+ 추가 표현

버스표 2장이요.
투 티킷츠 플리즈
Two tickets, please.

---

8 K 호텔 가는 요금이 얼마예요?

하우머취 이즈 더 풰얼 투 케이 호테얼
How much is the fare to K hotel?

---

9 다음 버스는 언제 있어요?

웬이즈 더 넥스트 버스
When is the next bus?

---

10 얼마나 자주 오나요?

하우오픈 더즈 잇 뤈
How often does it run?

 Tip 여기서 뤈(run)은 '뛰다'가 아니라
'운행하다'라는 뜻이에요.

---

11 10분마다 와요. 상대방이 대답합니다.

에브뤼 텐 미닛츠
Every 10 minutes.

---

12 K 호텔로 가나요? 운전사에게 물어볼 때

두유 고우 투 케이 호테얼
Do you go to K hotel?

추가 표현이 필요한 순간!

추가 표현 바로 듣기

버스를 타고 나서는 이렇게 물어보세요.

✓ K 호텔에 가려고 합니다.
암 고잉 투 케이 호테얼
I'm going to K hotel.

✓ 어디서 내리는지 알려 주세요.
텔미 웨얼 투 게로프 플리즈
Tell me where to get off, please.

✓ 얼마나 걸리나요?
하우 롱 더즈 잇 태익
How long does it take?

> **Tip** get off는 '내리다'라는 뜻인데 게로프로 발음해야 자연스러워요.

✓ 30분 걸려요.
운전사가 대답합니다.
잇 태익스 떠뤼 미닛츠
It takes 30 minutes.

🪧 버스 관련 명칭

버스 운전사
버스 드라이벌
bus driver

2층 버스
더블 데컬 버스
double-decker bus

스톱 버튼
스땁 버튼
stop button

대형 버스
코우취
coach

미국이나 캐나다는 하차 벨을 누르는 대신 창가에 있는 노란 줄을 잡아 당겨야 하는 경우도 많이 있어요.

2 택시

미국의 경우는 택시 요금의 15~20% 정도를 팁으로 줘야 하는 문화가 있어요. 택시를 이용하기 부담스럽다면 여행 전에 미리 우버(Uber)나 그랩(Grab) 어플을 깔아 사용해 보세요. 비용도 많이 절약되고 악덕 운전사를 만날 우려도 없답니다.

빨리 단어로 말해요!

단어 바로 듣기

1
택시 승강장
택시 스땐드
taxi stand

2
트렁크
트륑크
trunk

3
어디로
웨얼 투
where to

4
이 주소로
투 디스 애드레스
to this address

5
에어컨
애이씨
A/C

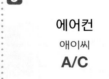

6
(소리를) 줄이다
턴 다운
turn down

7
더 빨리
풰스털
faster

8
좀 천천히 가다
슬로우 다운
slow down

9
얼마나 오래
하우 롱
how long

10
거의
얼머스트
almost

11
다 왔다
히얼 위 아알
here we are

12
신용 카드
크뤠딧 카알드
credit card

간단히 문장으로 말해요!

문장 바로 듣기

1 택시 승강장이 어디예요?

웨얼이즈 더 택시 스탠드
Where is the taxi stand?

---

2 트렁크 좀 열어 주세요.

오픈 더 트렁크 플리즈
Open the trunk, please.

교통

---

3 어디로 가세요? 택시 운전사가 물어봅니다.

웨얼 투
Where to?

---

4 이 주소로 가 주세요.

투 디스 애드레스 플리즈
To this address, please.

> **+ 추가 표현**
> 목적지 이름에 플리즈만 붙여 주세요.
> K 호텔로 가 주세요.
> 케이 호테얼, 플리즈
> K hotel, please.

---

5 에어컨 좀 켜주세요. / 에어컨 좀 꺼주세요.

턴 언 디 애이씨 플리즈 / 턴 어프 디 애이씨 플리즈
Turn on the A/C, please. / Turn off the A/C, please.

> **Tip** A/C를 애어 컨디셔너(air conditioner) 라고 풀어서 말해도 괜찮아요.

---

6 라디오 소리 좀 줄여 주세요.

턴 다운 더 래이디오 플리즈
Turn down the radio, please.

간단히 문장으로 말해요!

7 더 빨리 가 주실 수 있어요?

캔유 고우 풰스털

Can you go faster?

---

8 좀 천천히 가 주실 수 있어요?

캔유 슬로우 다운

Can you slow down?

---

9 시간이 얼마나 걸리지요?

하우롱 더즈 잇 태익

How long does it take?

---

10 거의 다 왔습니다. 택시 운전기사가 대답합니다.

위알 얼머스트 데얼

We are almost there.

---

11 다 왔습니다. 택시 운전기사가 대답합니다.

히얼 위 아알

Here we are.

---

12 신용 카드도 괜찮아요?

이즈 어 크뤠딧 카알드 오우케이

Is a credit card okay?

> **➕ 추가 표현**
> 요금을 물어볼 때는 가격을 묻는 표현을 써도 돼요.
> **얼마예요?**
> 하우 머취 이즈 잇
> How much is it?

추가 표현이 필요한 순간!

추가 표현 바로 듣기

택시비를 현금으로 지불했다면 잔돈을 어떻게 처리할지 말해 볼까요?

잔돈은 가지세요.	킵더 췌인지 **Keep the change.**
잔돈 주세요.	아이드 라잌 마이 췌인지 플리즈 **I'd like my change, please.**

전세계에서 편리하게 사용되는 우버 택시(Uber Taxi)

우버 택시란 앱을 깔면 승객과 일반 자동차 운행자를 연결해 주는 서비스로 대개 일반 택시보다 저렴하며 목적지를 미리 입력하기 때문에 운전자에게 행선지에 대해 말할 필요가 없어요. 또한 자신의 스마트폰으로 목적지를 설정하면 예상 금액이 나오는데 이것은 출퇴근 시간 등 여러 가지 교통 상황에 따라 상시 변동된답니다. 우버 택시를 이용하게 되면 기사의 사진, 차량 정보, 차량의 현재 위치뿐만 아니라 도착 시간까지 나와 매우 편리해요. 사전에 신용 카드로 등록을 하기 때문에 현금이 필요 없고 운전 기사가 부당하게 돈을 요구할 수도 없다는 장점도 있어요.

우버 택시 이용 방법

스마트폰으로 '우버'앱 실행 후 탑승/도착을 지정하세요. 도착 예정시간 및 예상 요금을 확인할 수 있어요. 우버 차량이 배치되면 차량과 운전자 및 접근 정보를 알 수 있어요. 하차 후에 운전자를 평가해주세요. 결제는 등록해둔 신용 카드로 자동 인출됩니다.

UBER

European Parliament
Strasbourg Station >
Schedule a Ride
Fri, Jan 25
21:30 - 21:45
CONFIRM

우버 택시와 유사한 앱으로는 그랩 택시(Grab Taxi)도 있어요. 동남아 국가에서는 그랩 택시를 많이 이용합니다.

Grab

3 지하철

공항에서 지하철이 바로 연결되는 곳도 있고 (무료) 셔틀 버스를 이용해서 지하철로 이동하기도 해요. 지하철을 탈 때는 승강장을 정확하게 확인해야 합니다. 갈아타는 곳도 제대로 알아야겠죠?

 빨리 단어로 말해요!

단어 바로 듣기

1
지하철역
썹웨이 스때이션
subway station

2
가장 가까운
더 니얼리스트
the nearest

3
몇 호선
위치 라인
which line

4
매표소
티킷 부스
ticket booth

5
자동 발매기
티킷 머쉬인
ticket machine

6
시청 가는 표
티킷 투 씨리 호올
ticket to City Hall

7
시청 가는 승강장
플랫퓸 포얼 씨리 호올
platform for City Hall

↑ Center of platform
Downtown A D B

8
맞는 승강장
롸잇 플랫퓸
right platform

9
갈아타다
트뤤스풔
transfer

10
다음 열차
넥스 트뤠인
next train

11
시청으로 가다
고우 투 씨리 호올
go to City Hall

12
어떤 출구
위치 엑씻
which exit

Exit ↗

간단히 문장으로 말해요!

문장 바로 듣기

1 지하철역이 어디 있어요?

웨얼이즈 더 썹웨이 스때이션

Where is the subway station?

---

2 가장 가까운 지하철역이 어디인가요?

웨얼이즈 더 니얼리스트 썹웨이 스때이션

Where is the nearest subway station?

---

3 시청 가려면 몇 호선을 타야 하지요?

위치라인 슈라이 태익 투 씨리 호올

Which line should I take to City Hall?

---

4 매표소가 어디예요?

> **Tip** 매표소가 박스 형태면 티킷 부스(ticket booth), 사무실 형태면 티킷 아퓌스(ticket office)라고 해요. 물어 볼 때는 어떤 표현이든 상관없어요.

웨얼이즈 더 티킷 부스

Where is the ticket booth?

---

5 자동 발매기는 어디에 있나요?

웨얼이즈 더 티킷 머쉰

Where is the ticket machine?

---

6 시청 가는 표 두 장이요.

투 티킷즈 투 씨리 호올 플리즈

Two tickets to City Hall, please.

간단히 문장으로 말해요!

문장 바로 듣기

7 시청 가는 승강장이 어디예요?

웨얼이즈 더 플랫퓜 포얼 씨리 호올

Where is the platform for City Hall?

---

8 이곳이 맞는 승강장이에요?

이즈 디스 더 롸잇 플랫퓜

Is this the right platform?

---

9 어디서 갈아타야 하나요?

웨얼 슈라이 트뤤스풔

Where should I transfer?

 Tip should I는 '슈드 아이'가 아니라 붙여서 슈라이로 발음하세요.

---

10 시청 가는 다음 열차는 언제 있나요?

웬이즈 더 넥스 트뤠인 투 씨리 호올

When is the next train to City Hall?

---

11 이거 시청 가는 열차예요?

더즈 디스 트뤠인 고우 투 씨리 호올

Does this train go to City Hall?

---

12 어떤 출구가 시청으로 이어지나요?

위치엑씻 커넥츠 투 씨리 호올

Which exit connects to City Hall?

추가 표현이 필요한 순간!

추가 표현 바로 듣기

지하철을 이용할 때 예기치 못한 순간이 발생하기도 하죠. 그럴 때 쓸 수 있는 표현을 알아 볼까요?

⊘ 승차권 발매기가 돈을 먹었어요.

잇 애잇 마이 머니
It ate my money.

⊘ 티켓이 안 나와요.

아이 캔트 겟어 티킷
I can't get a ticket.

나라별 지하철 호칭

subway 썹웨이 미국

싱가폴 / 필리핀
MRT(Metro Rail Transit) 엠알티
LRT(Light Rail Transit) 엘알티

홍콩
MTR(Metro Transit Railway) 엠티알

호주 / 프랑스
metro 메트로
호주에서는 train(트레인)이라고도 합니다

영국
underground 언더그라운드
런던에서는 tube(튜브)라고도 합니다.

4 기차

기차는 보통 온라인으로 예약하면 편리하고 안전해요. 미국의 경우 암트랙(Amtrack) 사이트에서 예약할 수 있어요. 결제 완료 후 메일로 온 이티켓(e-ticket)을 창구에 보여주면 정식 티켓을 줍니다. 어플로 예약했다면 바코드만 보여주면 돼요.

빨리 단어로 말해요!

단어 바로 듣기

1
뉴욕 가는 요금
풰얼 투 뉴우요크
fare to New York

2
학생 할인
스뜌던 디스카운트
student discount

3
편도 티켓
원웨이 티킷
one-way ticket

4
왕복 티켓
롸운드 트립 티킷
round-trip ticket

5
일등석 티켓
펄스트 클래스 티킷
first class ticket

6
티켓을 예약했다
북트 마이 티킷
booked my ticket

7
(기차가) 출발하다
리이브
leave

8
~로 가는 승강장
플랫쯤 포얼 ~
platform for ~

9
뉴욕행 기차
트뤠인 포얼 뉴우요크
train for New York

10
(기차) 시간표
타임 테이브얼
time table

11
(기차가) ~에 서다
스땁 앳
stop at ~

12
내 자리
마이 씻
my seat

간단히 문장으로 말해요!

문장 바로 듣기

1 뉴욕 가는 요금이 얼마인가요?

왓츠 더 풰얼 투 뉴우요크
What's the fare to New York?

---

2 학생 할인을 받을 수 있나요?

캔아이 게러 스뜌던 디스카운트
Can I get a student discount?

➕ **추가 표현**
연장자 할인: 씨니얼 디스카운트
(senior discount)

---

3 편도 티켓 주세요.

아이드 라익커 원웨이 티킷
I'd like a one-way ticket.

➕ **추가 표현**
편도 티켓을 씽글 티킷
(single ticket)이라고도 해요.

---

4 왕복 티켓 주세요.

아이드 라익커 롸운드 트립 티킷
I'd like a round-trip ticket.

---

5 일등석으로 주세요.

아이드 라익커 펄스트 클래스 티킷
I'd like a first class ticket.

➕ **추가 표현**
• **이등석:** 이커너미 클래스(economy class)
　　　　또는 코우취 씻(coach seat)
• **침대칸:** 벌쓰(berth)

---

6 온라인으로 티켓을 예약했어요.

아이 북트 마이 티킷 온라인
I booked my ticket online.

교통

4. 기차 **77**

7 이 기차는 몇 시에 출발하나요?

왓타임 더즈 디스 트뤠인 리이브

What time does this train leave?

8 뉴욕으로 가는 승강장이 어디예요?

웨얼이즈 더 플랫폼 포얼 뉴우요크

Where is the platform for New York?

9 이 기차가 뉴욕행인가요?

이즈디스 더 트뤠인 포얼 뉴우요크

Is this the train for New York?

10 시간표를 어디서 볼 수 있나요?

웨얼 캔아이 씨 더 타임 테이브얼

Where can I see the time table?

11 이 기차는 덴버 역에 섭니까?

더즈 디스 트뤠인 스땁 앳 덴버 스때이션

Does this train stop at Denver station?

12 여기는 제 자리인 것 같은데요.

아이 띵크 디스 이즈 마이 씻

I think this is my seat.

추가 표현이 필요한 순간!

추가 표현 바로 듣기

기차 이용 시 여러 가지 문제 상황이 발생할 수 있죠. 그럴 때 쓸 수 있는 표현을 알아 볼까요?

✓ 기차를 놓쳤어요.

아이 미쓰드 마이 트뤠인
I missed my train.

✓ 표를 잃어버렸어요.

아이 로스트 마이 티킷
I lost my ticket.

✓ 가방을 기차에 놓고 내렸어요.

아이 렙프트 마이 백 언 더 트뤠인
I left my bag on the train.

교통

여행 시 이용할 수 있는 다양한 교통 수단

고속버스
익스프뤠스 버스
express bus

페리
풰리
ferry

씨버스
씨버스
sea bus

트램
트뤰
tram

5 렌터카

시간과 장소에 구애 받지 않고 자유롭게 이동하고 싶다면 렌터카를 이용해 보세요. 우선 국내에서 국제 운전 면허증을 준비해야 해요! 그리고 현지에서 차를 빌릴 때는 차량 상태, 보증금, 보험비, 반납 위치 등을 꼼꼼히 확인하는 것도 잊지 마세요.

 빨리 단어로 말해요!

단어 바로 듣기

1

차를 빌리다
렌트 어 카아
rent a car

2

5일 동안
포얼 파이브 대이즈
for five days

3

SUV
에스유비이
SUV

4

가격표
프라이스 리스트
price list

5

수동 기어
매뉴얼
manual

6

자동 기어(오토매틱)
오로매릭
automatic

7

국제 운전면허증
인터네셔널 드라이벌즈 라이슨스
international driver's license

8

보험비
인슈런스
insurance

9

보증금
디파짓
deposit

10

반납하다
뤼턴
return

11

주유소
개스 스때이션
gas station

12

가득 채우다
필업
fill up

간단히 문장으로 말해요!

문장 바로 듣기

1 차를 렌트하고 싶어요.

아이드 라잌 투 뤤트 어 카아

I'd like to rent a car.

> Tip 아이드 라잌 투(I'd like to) + 동사:
> ~하고 싶어요

---

2 5일 동안 차를 렌트하고 싶어요.

아이드 라잌 투 뤤트 어 카아 포얼 파이브 데이즈

I'd like to rent a car for 5 days.

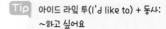
교통

---

3 SUV로요.

아이드 라잌 언 에스유비이

I'd like an SUV.

---

4 가격표를 볼 수 있어요?

캔아이 씨 유얼 프라이스 리스트

Can I see your price list?

---

5 수동 기어 차로 하고 싶어요.

아이드 라잌 어 매뉴얼 카아

I'd like a manual car.

---

6 오토매틱 차로 하고 싶어요.

아이드 라잌 언 오로매릭 카아

I'd like an automatic car.

간단히 문장으로 말해요!

 문장 바로 듣기

7 국제 운전면허증이 있어요.

아이 해번 인터네셔널 드라이벌즈 라이슨스
I have an international driver's license.

---

8 보험비를 따로 내야 하나요?

두아이 니드 투 패이 포얼 인슈런스
Do I need to pay for insurance?

---

9 보증금은 얼마예요?

하우머취 이즈 더 디파짓
How much is the deposit?

---

10 차를 어디에 반납하면 되나요?

웨얼 슈라이 뤼턴 더 카아
Where should I return the car?

---

11 근처에 주유소가 있나요?

이즈데얼 애니 개스 스때이션 어라운 히얼
Is there any gas station around here?

> **Tip** gas는 gasoline(개솔린)의 약자로 '휘발유'를 말합니다.

---

12 가득이요.

퓔이럽 플리즈
Fill it up, please.

> **+ 추가 표현**
> 주유소에서 금액만큼 넣을 때는 금액을 말한 뒤 플리즈(please)라고 하세요.
> 30달러어치요.
> 떠뤼 달러즈 플리즈
> 30 dollars, please.

추가 표현이 필요한 순간!

추가 표현 바로 듣기

위치를 묻거나 주차를 할 수 있는지 물어보는 표현도 익혀 보세요.

✅ K 호텔이 어느 방향이에요?
위치웨이 이즈 케이 호테얼
Which way is K hotel?

✅ 여기에 잠시 주차해도 되나요?
매아이 파알크 히얼 포러 와이어
May I park here for a while?

🪧 자동차 종류

소형차
컴팩트
compact

세단형 자동차
세단
sedan

승합차
밴
van

SUV
에스유비
SUV(sport utility vehicle)

오픈카
컨버터블
convertible

📍 운전할 때 꼭 알아야 할 표현

1. 방향 표시

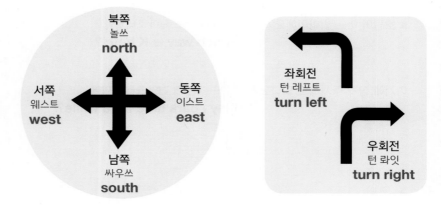

2. 표지판

양보 이얼드 **yield**	들어가지 마시오 두 낫 엔터 **Do not enter**	우회 디투어 **detour**	막다른 길 데드 엔드 **dead end**

속도 제한 55마일
스삐드 리밋 핍티퐈이브 마이얼
speed limit 55

2시간 동안 주차 가능
투 아월즈 파알킹
2 hours parking

오전 8시 반부터 오후 5시 반까지

공사 구역
컨스트럭션 죠온
construction zone

3. 사고 발생 및 신호 위반

렌터카가 고장이 나면 증상을 렌터카 회사에 알려 줘야 합니다. 사진을 보내 주면 더 좋아요. 그럼 교통 사고가 난 경우는 어떻게 할까요? 이 경우에도 상대 차량의 번호판과 사건 현장 사진을 찍어서 렌터카 회사에 보내고 연락을 취합니다.

차가 고장 났어요.	마이 카아 이즈 브로큰 **My car is broken.**
타이어가 펑크 났어요.	아이 해버 플랫 타이얼 **I have a flat tire.**
배터리가 나갔어요.	더 배러리 이즈 데드 **The battery is dead.**
교통사고가 났어요.	아이 해더 트뤠픽 액씨던트 **I had a traffic accident.**
제가 다쳤어요.	아이 갓 헐트 **I got hurt.**

교통 경찰(police officer)이 갑자기 차를 세우더니 딱지(traffic ticket)를 떼네요. 어떻게 하지요?

속도 위반입니다.	유 월 스피딩 **You were speeding.**
정지 신호 위반입니다.	유 랜 더 뤠드 라잇 **You ran the red light.**
저는 빨간 불에서 멈췄는데요.	아이 스탑 탯 더 뤠드 라잇 **I stopped at the red light.**
죄송합니다. 여기 처음 와서요.	암 쏘리 암 어 스트레인져 히얼 **I'm sorry. I'm a stranger here.**

PART 4
숙소

1 체크인

2 숙소 알아보기

3 호텔 서비스 이용

4 문제 발생

5 체크아웃

영국 런던 국회의사당 빅벤

호텔에 체크인을 할 때 예약증(호텔 바우처)을 미리 준비하면 편해요. 좀 일찍 도착했다면 상황에 따라 일찍 체크인을 해주기도 하는데, 그렇지 않다면 짐을 보관하고 주변을 관광하세요. 체크인 시 요청하는 보증금은 신용 카드나 현금으로 결제하고 체크아웃 시 꼭 돌려받으세요!

빨리 단어로 말해요!

단어 바로 듣기

1
예약
뤠절배이션
reservation

2
온라인
언라인
online

3
이름
내임
name

4
~라는 이름으로 예약
뤠절배이션 언덜
reservation under ~

5
바우처
바우쳐얼
voucher

6
여권
패스포올트
passport

7
채우다
필 아웃
fill out

8
문제 없다
노우 프라브럼
no problem

9
철자를 말하다
스펠
spell

10
체크인하다
췌크인
check in

11
2시 이후에
애프터얼 투피엠
after 2 p.m.

12
일찍 체크인하다
췌크인 어얼리
check in early

간단히 문장으로 말해요!

문장 바로 듣기

1 예약했어요.

아이 해버 뤠절배이션
I have a reservation.

---

2 온라인으로 예약했어요.

아이 해버 뤠절배이션 언라인
I have a reservation online.

---

3 이름을 알려주시겠어요? 호텔 직원이 물어봅니다.

캔아이 햅 유얼 내임
Can I have your name?

---

4 선희라는 이름으로 예약했어요.

> **Tip** 아이 해버 뤠절배이션 언덜
> (I have a reservation under) + 이름:
> ~라는 이름으로 예약했어요

아이 해버 뤠절배이션 언덜 선희
I have a reservation under Seon-hee.

---

5 여기 제 호텔 바우처입니다.

히얼이즈 마이 바우쳐얼
Here is my voucher.

---

6 여권 좀 볼 수 있을까요? 호텔 직원이 물어봅니다.

매아이 씨 유얼 패스포올트
May I see your passport?

숙소

간단히 문장으로 말해요!

문장 바로 듣기

7 이 양식을 채워 주시겠어요? 호텔 직원이 요청합니다.

캔유 퓔 아웃 디스 포옴

Can you fill out this form?

8 문제 없어요.

노우 프롸브럼

No problem.

9 스펠링이 어떻게 되시죠? 호텔 직원이 물어봅니다.

하우 두유 스펠 잇 맴

How do you spell it ma'am?

> **Tip** 한국 이름은 외국 사람에게 익숙치 않아서 이런 질문을 듣게 돼요. 그럴 땐 자신의 이름을 말하고 철자를 말해 주면 됩니다.
>
> 예 선희, 에스 이 오우 엔, 에이취 이 이
> Seon-hee, S-E-O-N, H-E-E

10 언제 체크인할 수 있죠?

웬 캔아이 췌크인

When can I check in?

11 오후 2시 이후부터 체크인할 수 있습니다. 호텔 직원이 대답합니다.

유캔 췌크인 애프터얼 투피엠

You can check in after 2 p.m.

12 조금 일찍 체크인할 수 있나요?

캔아이 췌크인 어얼리

Can I check in early?

추가 표현이 필요한 순간!

추가 표현 바로 듣기

호텔에 짐을 맡기고 관광을 할 때 필요한 표현을 알아볼까요?

✓ 내 짐을 맡아 줄 수 있나요?　　캔유 킵 마이 배기쥐
Can you keep my baggage?

✓ 두 시간 후쯤 다시 올게요.　　아월 비 백 인 투 아월스
I'll be back in two hours.

호텔 체크인 양식

숙소

호텔마다 양식이 조금씩 다르지만 아래를 참고해서 자신 있게 작성해 보세요.

Hotel　REGISTRATION CARD　*Hotel*

NAME이름　　　　　　　NATIONALITY국적

ADDRESS주소

CITY OR TOWN도시명　　　CAR REGISTRATION NO.등록된 차량 번호

DATE OF ARRIVAL도착 날짜　DATE OF DEPARTURE출발 날짜

METHOD OF PAYMENT지불 방법 ☐ Card카드　☐ Cash현금　☐ Cheque수표

ROOM RATE객실 요금　　☐ DINER, BED&BREAKFAST저녁, 잠자리, 아침 제공

☐ BED&BREAKFAST잠자리, 아침

NEWSPAPER ORDERED신문　　CHECKOUT TIME 10am
체크아웃 시간 오전 10시

SIGNATURE서명　　　　ROOM NO.방 번호

2 숙소 알아보기

미리 숙소를 예약하지 않았다면 직접 가서 빈방이 있는지 확인해 보세요. 빈방이 있다면 구체적으로 방을 골라 봐야 되겠죠? 그 다음 객실 요금을 확인하고 결제를 합니다. 아침 식사가 제공되는 곳이라면 아침 식권(breakfast voucher)도 꼭 챙기세요.

 빨리 단어로 말해요!

 단어 바로 듣기

1
예약 안 한
돈 해버 뤠절배이션
don't have a reservation

2
빈방
배이컨씨
vacancy

3
3일 (밤)
뜨뤼 나잇츠
three nights

4
싱글 침대(1인용)
씽글 베드
single bed

5
더블 침대
더블 베드
double bed

6
트윈 침대
트윈 베드
twin bed

7
금연 객실
넌스모킹 룸
non-smoking room

8
흡연 객실
스모킹 룸
smoking room

9
전망 좋은
나이스 뷰
nice view

10
바다 전망
오션 뷰
ocean view

11
아침 식사를 제공하다
써얼브 브뤡퍼스트
serve breakfast

12
더 싼 방
취펄 룸
cheaper room

간단히 문장으로 말해요!

문장 바로 듣기

1 예약을 안 했어요.

아이돈 해버 뤠절배이션
I don't have a reservation.

---

2 빈방 있나요?

두유 해버 배이컨씨
Do you have a vacancy?

---

3 3일 동안 머물고 싶습니다.

아이드 라일 투 스때이 포얼 뜨뤼 나이츠
I'd like to stay for three nights.

> **Tip** 머무는 날의 계산은 잠을 자는 날의 수로 하며, 이틀은 투 나잇츠(two nights), 3일은 뜨뤼 나잇츠(three nights)와 같이 표현합니다.

---

4 1인용 침대로 하고 싶어요.

아이드 라일 어 씽글 베드
I'd like a single bed.

---

5 더블 침대로 하고 싶어요.

아이드 라일 어 더블 베드
I'd like a double bed.

---

6 트윈 침대 두 개로 하고 싶어요.

아이드 라일 투 트윈 베즈
I'd like two twin beds.

숙소

7 금연 객실로 하고 싶어요.

아이드 라익 어 넌스모킹 룸
I'd like a non-smoking room.

---

8 흡연 객실이 있나요?

두유 해버 스모킹 룸
Do you have a smoking room?

---

9 전망 좋은 방으로 하고 싶어요.

아이드 라익 어 룸 위더 나이스 뷰
I'd like a room with a nice view.

---

10 바다 전망이 되는 방이 있나요?

두유 해버 룸 위던 오션 뷰
Do you have a room with an ocean view?

---

11 아침 식사를 제공하나요?

두유 써얼브 브뤡퍼스트
Do you serve breakfast?

아침 식권
브뤡퍼스트 바우처
breakfast voucher

---

12 더 저렴한 방이 있나요?

두유 해버 취펄 룸
Do you have a cheaper room?

추가 표현이 필요한 순간!

추가 표현 바로 듣기

호스텔을 이용한다면 어떤 방의 침대를 사용할지 골라야 합니다. 도미토리(dormitory)는 '공동 침실'이라는 말로 여러 개의 침대가 있는 방을 말해요. 줄여서 돔(dorm)이라고도 합니다. 남녀 혼성인 방도 있고, 남성 또는 여성 전용 방도 있으니 본인이 원하는 곳을 골라 말해 보세요.

남녀혼성 방
믹스드 돔
mixed dorm

여성 전용 방
퓌매일 돔
female dorm

남성 전용 방
매일 돔
male dorm

✓ **여성 전용 방의 침대를 원해요.** 아이드 라익 어 배드 인 어 퓌매일 돔
I'd like a bed in a female dorm.

숙소

다양한 숙소 종류

hotel(호텔)
가장 일반적인 형태로 다양한 편의 시설을 갖추고 있어 커플, 가족 단위 여행객에게 어울리는 숙소입니다.

resort(리조트)
주로 해변가에 위치하며 워터파크 등 다양한 시설을 갖추고 있어요. 해양 스포츠, 액티비티를 즐기는 여행객에게 좋아요.

hostel(호스텔)
가격이 저렴하며 공동 침실을 여러 명이 함께 사용해요. 정보를 교류하고 만남의 자리를 갖는 장점이 있어요.

private rental room(한인 민박)
한국인이 운영하는 숙소로 한국말이 통하는 것이 최대 장점이에요. 한국 음식을 해 주는 경우도 많으며 현지에 있는 한국인들끼리 여행 정보를 얻기 쉽지요.

airbnb(에어비앤비)
현지인의 집을 렌탈하여 숙박하는 방식이에요. 집주인에게 현지 정보를 얻고, 현지 문화도 접할 수 있는 좋은 기회이지요. 후기를 꼼꼼히 읽고 선택하세요.

3 호텔 서비스 이용

호텔에서는 여러 가지 서비스를 받을 수 있어요. 물품을 요청할 때는 물품명을 말하고 please[플리즈]를 붙이면 됩니다. 하나 더 달라고 할 때는 One more[원 모얼] 뒤에 물품명을 말하고 please[플리즈]를 붙이세요.

🌐 빨리 단어로 말해요!

단어 바로 듣기

1
룸서비스
룸썰비스
room service

2
모닝콜
웨이컵 콜
wake-up call

3
와이파이 비밀번호
와이파이 패스워얼드
Wi-Fi password

4
택시를 부르다
콜 어 택씨
call a taxi

5
비누
쏘우프
soap

6
수건
타우얼
towel

7
헤어 드라이어
헤어 듀라이어
hair dryer

8
면도기
뤠이절
razor

9
침대 시트를 갈다
췌인지 더 베드 씨이트
change the bed sheet

10
베개 커버를 갈다
췌인지 더 필로우 커버
change the pillow cover

11
세탁 서비스
런드리 썰비스
laundry service

12
셀프 빨래방
런드로맷
Laundromat

간단히 문장으로 말해요!

문장 바로 듣기

1 룸서비스 부탁해요.

룸썰비스 플리즈

Room service, please.

2 7시에 모닝콜 부탁해요.

어 웨이컵 콜 앳 쎄븐 플리즈

A wake-up call at 7, please.

> **Tip** morning call은 표준 영어가 아니에요. wake-up call이 잠을 깨우는 전화라는 뜻이에요.

3 와이파이 비밀번호가 뭐죠?

왓츠 더 와이파이 패스워얼드

What's the Wi-Fi password?

숙소

4 택시 좀 불러 줄 수 있어요?

캔유 콜 어 택씨

Can you call a taxi?

5 비누 하나 더 주세요.

원 모얼 쏘우프 플리즈

One more soap, please.

> **+ 추가 표현**
> · 화장지: 토일렛 패이퍼(toilet paper)
> · 샴푸: 샴푸우(shampoo)
> · 린스: 컨디셔너(conditioner)
> · 로션: 로션(lotion)

6 수건 두 개 더 주세요.

투 모얼 타우얼즈 플리즈

Two more towels, please.

간단히 문장으로 말해요!

문장 바로 듣기

7 헤어 드라이어 좀 받을 수 있어요?

매아이 해버 헤어 듀롸이어
May I have a hair dryer?

---

8 면도기 좀 받을 수 있어요?

매아이 해버 뤠이절
May I have a razor?

---

9 침대 시트를 갈아 줄 수 있나요?

캔유 췌인지 더 베드 씨이트
Can you change the bed sheet?

---

10 베개 커버를 갈아 줄 수 있나요?

캔유 췌인지 더 필로우 커벌
Can you change the pillow cover?

---

11 세탁 서비스가 있나요?

이즈데얼 런드리 썰비스
Is there laundry service?

---

12 셀프 빨래방이 있나요?

이즈데얼 어 런드로맷
Is there a Laundromat?

> **Tip** Laundromat은 원래 laundry(세탁) +
> automatic(자동)을 합쳐서 만든 상표인
> 데 지금은 '빨래방'이라는 의미로 쓰여요.

추가 표현이 필요한 순간!

추가 표현 바로 듣기

아침 식사를 하러 식권을 가지고 식당에 가면 방 번호(room number)와 몇 명인지(how many)를 확인하는 경우가 있어요.

✓ 아침 식사는 어디에서 하나요?

웨얼 캔아이 햅 브렉퍼스트
Where can I have breakfast?

✓ 제 아침 식권입니다.

디스이즈 마이 브렉퍼스트 바우처
This is my breakfast voucher.

✓ 방 번호가 어떻게 되시죠?
호텔 직원이 물어봅니다.

왓츠 유얼 룸 넘버
What's your room number?

✓ 몇 분이시죠?
호텔 직원이 물어봅니다.

하우 매니
How many?

숙
소

🪧 호텔 이용 시 문에 걸어두는 표지

방해하지 마시오.
Do not disturb, please.
객실에 직원 출입을 금지한다는 표시로
객실 청소가 필요 없을 때 걸어두세요.

청소해 주세요.
Make up the room, please.
객실 청소 및 재정비를 원한다면
문 앞에 이 표시가 보이게 걸어두세요.

4 문제 발생

처음 발생할 수 있는 문제는 키를 문에 댔을 때 문이 열리지 않는 경우죠. 그 외에도 방에 들어가면 여러 가지 문제가 있을 수 있어요. 문제가 있을 때는 그냥 참지 말고 직원에게 말해 보세요. 방 번호를 물어본 후 관리 직원을 방으로 보내줄 거예요.

🛂 빨리 단어로 말해요!

단어 바로 듣기

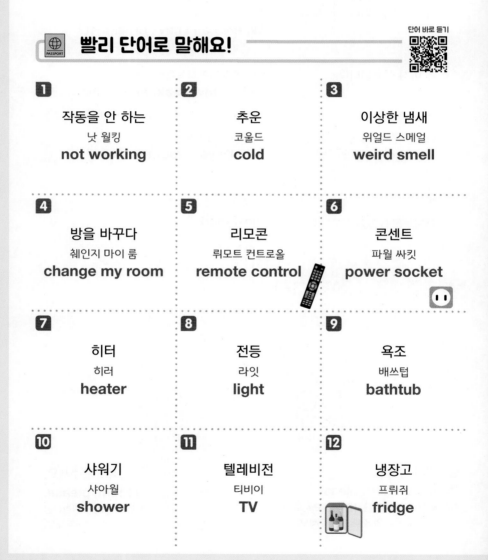

1

작동을 안 하는

낫 월킹

not working

2

추운

코울드

cold

3

이상한 냄새

위얼드 스메얼

weird smell

4

방을 바꾸다

쉐인지 마이 룸

change my room

5

리모콘

뤼모트 컨트로올

remote control

6

콘센트

파월 싸킷

power socket

7

히터

히러

heater

8

전등

라잇

light

9

욕조

배쓰텁

bathtub

10

샤워기

샤아월

shower

11

텔레비전

티비이

TV

12

냉장고

프뤼줘

fridge

간단히 문장으로 말해요!

1 열쇠가 작동을 안 해요.

마이 키이 이즈 낫 월킹

My key is not working.

---

2 방이 너무 추워요.

마이 룸 이즈 투 코울드

My room is too cold.

➕ 추가 표현
· 더운: 핫(hot)

---

3 방에서 이상한 냄새가 나요.

마이 룸 해져 위얼드 스메얼

My room has a weird smell.

---

4 방을 바꾸고 싶어요.

아이드 라잌 투 췌인지 마이 룸

I'd like to change my room.

---

5 리모컨을 찾을 수 없어요.

아이 캔트 퐈인드 더 뤼모트 컨트로올

I can't find the remote control.

 아이 캔트 퐈인드(I can't find) ~
: ~을 찾을 수 없어요

---

6 콘센트를 찾을 수 없어요.

아이 캔트 퐈인드 더 파월 싸킷

I can't find the power socket.

숙소

문장 바로 듣기

7 히터에 문제가 있어요.

데얼즈 어 프라브럼 윗 더 히러

There's a problem with the heater.

Tip 데얼즈 어 프라브럼 윗 (There's a problem with) ~: ~에 문제가 있어요

---

8 전등에 문제가 있어요.

데얼즈 어 프라브럼 윗 더 라잇

There's a problem with the light.

---

9 욕조에 문제가 있어요.

데얼즈 어 프라브럼 윗 더 배쓰텁

There's a problem with the bathtub.

---

10 샤워기에 문제가 있어요.

데얼즈 어 프라브럼 윗 더 샤아월

There's a problem with the shower.

---

11 TV에 문제가 있어요.

데얼즈 어 프라브럼 윗 더 티비이

There's a problem with the TV.

---

12 냉장고에 문제가 있어요.

데얼즈 어 프라브럼 윗 더 프뤼줘

There's a problem with the fridge.

추가 표현이 필요한 순간!

추가 표현 바로 듣기

가전 제품이나 욕실 물품에 문제가 생겼을 때는 '_____ is not working.'이라고 하면 됩니다. 또 변기가 막힌 경우는 아래와 같이 표현해 보세요.

✓ **텔레비전이 작동되지 않아요.**

티비이 이즈 낫 월킹
TV is not working.

✓ **변기가 막혔어요.**

더 토이렛 이즈 클라악드
The toilet is clogged.

호텔 물품 명칭

숙소

전기 주전자
일렉트릭 케를
electric kettle

리모콘
뤼모트 컨트로올
remote control

냉장고
뤠프뤼저레이럴(프뤼쥐)
refrigerator(fridge)

금고
새이프
safe

변기
토일렛
toilet

세면대
씽크
sink

욕조
배쓰텁
bathtub

> toilet은 영국에서는 '화장실'이라는 뜻도 있지만 미국에서는 주로 '변기'라는 뜻으로 통해요.

5 체크아웃

보통 체크아웃 시간은 11시~12시예요. 만일 체크아웃이 늦어지면 비용이 추가되니 주의하세요. 미니바(냉장고에 들어 있는 음료 포함), 국제 전화, 룸 서비스 등을 사용했다면 체크아웃 시 프론트에서 비용을 결제하면 돼요. 체크인 시 지불한 보증금은 잊지 말고 돌려 받으세요.

 빨리 단어로 말해요!

단어 바로 듣기

1
체크아웃
쉐크아웃
check out

2
체크아웃 시간
쉐크아웃 타임
check out time

3
방 번호
룸 넘벌
room number

4
늦게 체크아웃하다
쉐크아웃 래잇
check out late

5
비행기 시간
플라잇 타임
flight time

6
늦은 체크아웃
래잇 쉐크아웃
late check-out

7
내 짐을 보관하다
킵 마이 배기쥐
keep my baggage

8
하루 더 머물다
스때이 원 모얼 대이
stay one more day

9
~에 대한 비용
촤알쥐 포얼
charge for ~

10
잘못
미스태잌
mistake

11
미니 바
미니 바아
mini bar

12
보증금을 돌려받다
겟 마이 디파짓 백
get my deposit back

간단히 문장으로 말해요!

문장 바로 듣기

1 체크아웃하고 싶어요.

아이드 라잌 투 췌크아웃 플리즈
I'd like to check out, please.

> ✚ **추가 표현**
> '체크아웃 하고 싶어요'를 간단하게!
> 췌크아웃 플리즈
> Check out, please.

---

2 체크아웃 시간이 언제예요?

웬이즈 췌크아웃 타임
When is check-out time?

---

3 제 방 번호는 705호예요.

마이 룸 넘벌 이즈 쎄븐 오우 파이브
My room number is 705.

> 방 번호는 하나씩 끊어서 읽어요.
> 예 705 쎄븐 오우 파이브
> (쎄븐 지로우 파이브)

숙소

---

4 늦게 체크아웃할 수 있나요?

캔아이 췌크아웃 래잇
Can I check out late?

---

5 제 비행기 시간이 늦거든요.

마이 플라잇 타임 이즈 래잇
My flight time is late.

---

6 체크아웃을 늦게 하는 비용이 얼마예요?

하우머치 이즈 래잇 췌크아웃
How much is late check-out?

7 오후 5시까지 제 짐을 보관해 줄 수 있나요?

캔유 킵 마이 배기쥐 언틸 퐈이브 피엠
Can you keep my baggage until 5 p.m.?

---

8 하루 더 머물고 싶어요.

아이드 라잌 투 스때이 원 모얼 데이
I'd like to stay one more day.

---

9 이건 무슨 비용이죠?

왓츠 디스 촤알쥐 포얼
What's this charge for?

---

10 뭔가 잘못된 게 있어요.

데얼 머스트 비 썸 미스태잌
There must be some mistake.

---

11 미니바를 사용하지 않았어요.

아이 디든 유즈 더 미니 바아
I didn't use the mini bar.

---

12 보증금 돌려주세요.

겟 마이 디파짓 백 플리즈
Get my deposit back, please.

🧭 추가 표현이 필요한 순간!

추가 표현 바로 듣기

보통 호텔에서 공짜로 제공하는 것은 물 한 두 병이나 1회용 커피이고 간혹 간단한 스낵 정
도예요. 만일 complimentary[컴프리멘터리] 또는 with compliments[위드 컴프리멘츠]
라고 적혀 있다면 무료라는 의미입니다. 혹시 이용한 것보다 많은 요금이 청구되었다면 사용
내역서를 요청해 보세요.

✓ 사용 내역서 좀 주세요.

아이러마이즛 비어얼 플리즈
Itemized bill, please.

숙소

🪧 사용 내역서 예시

세부 사항
디스크립션
Description

양
퀀티티
Quantity

비용
코스트
Cost

금액
어마운트
Amount

객실 사용료
룸 뤤탈
Room Rental

(체크아웃)
지연 비용
래이트 퓌
Late Fees

항목
아이럼
Item

세금
택씨스
Taxes

합계
토럴
Total

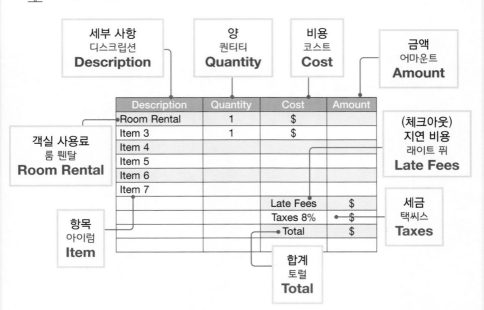

Description	Quantity	Cost	Amount
Room Rental	1	$	
Item 3	1	$	
Item 4			
Item 5			
Item 6			
Item 7			
		Late Fees	$
		Taxes 8%	$
		Total	$

PART 5
식당

1 식당 찾기

2 주문

3 추가 요청과 문제 발생

4 후식 이용과 계산

5 다양한 식당 이용

캐나다 온타리오 나이아가라 폭포

1 식당 찾기

좀 고급스러운 식당을 가고 싶다면 예약을 해야 하는 경우가 많은데 온라인 혹은 전화로 예약하면 돼요. 정 자신이 없다면 호텔 직원에게 부탁하는 것도 한 방법이랍니다. 식당에 들어가면 예약을 했는지 몇 명인지 등을 물어볼 거예요. 당황하지 말고 자신 있게 대답해 보세요.

 빨리 단어로 말해요!

단어 바로 듣기

1

추천하다
뤠커멘드
recommend

2

한국 식당
커리언 뤠스터런
Korean restaurant

3

패스트푸드점
풰스트 푸우드 뤠스터런
fast food restaurant

4

식당을 예약하다
북 어 뤠스터런
book a restaurant

5

전화 예약
텔러포온 뤠절배이션
telephone reservation

6

2인석으로 예약하다
북 어 테이브얼 포얼 투
book a table for 2

7

창가
니얼 더 윈도우
near the window

8

복장 규정
듀뤠스 코오드
dress code

9

기다리다
웨잇
wait

10

~의 이름으로 예약
뤠절배이션 언덜
reservation under ~

11

몇 명
하우 매니 피프얼
how many people

12

3인석
테이브얼 포얼 뜨뤼
table for 3

간단히 문장으로 말해요!

문장 바로 듣기

1 근처에 좋은 식당 있나요?

캔유 뤼커멘드 어 굿 뤠스터런

Can you recommend a good restaurant?

---

2 근처에 한국 식당이 있나요?

이즈데얼 어 커리언 뤠스터런 어라운드 히얼

Is there a Korean restaurant around here?

> **Tip** 이즈 데얼 ~ 뤠스트런 어라운드 히얼
> (Is there ~ restaurant around here?)
> : 근처에 ○○ 식당이 있나요?

---

3 근처에 패스트푸드점이 있나요?

이즈데얼 어 풰스트 푸우드 뤠스터런 어라운드 히얼

Is there a fast food restaurant around here?

식당

---

4 우리를 위해서 식당 좀 예약해 주실 수 있어요?

쿠쥬 북 어 뤠스터런 포얼 어스

Could you book a restaurant for us?

---

5 전화로 예약 받나요?

두유 테이커 텔러포온 뤠절배이션

Do you take a telephone reservation?

---

6 6시에 2인석으로 예약하고 싶어요.

아이드 라잌 투 북 어 테이브얼 포얼 투 앳 씩스

I'd like to book a table for two at 6.

간단히 문장으로 말해요!

7 창가 옆자리로 할 수 있나요?

캔위 햅 더 테이브얼 니얼 더 윈도우

Can we have the table near the window?

8 복장 규정이 있나요?

이즈데얼 어 듀뤠스 코오드

Is there a dress code?

> **Tip** casual[캐쥬얼]: 편한 복장
> formal[포오멀]: 정장

9 기다리시면 자리 안내해 드릴게요. `식당 직원이 안내합니다.`

플리즈 웨잇 투비 씨리드

Please wait to be seated.

> **Tip** 식당에 도착하면 바로 안쪽으로 들어가지
> 말고 대기하고 있다가 안내를 받으세요.

10 김이라는 이름으로 예약했어요.

아이 해버 뤠절배이션 언덜 킴

I have a reservation under Kim.

11 몇 분이세요? `식당 직원이 물어봅니다.`

하우매니 피프얼

How many people?

12 세 명 자리 부탁해요.

테이브얼 포얼 뜨뤼 플리즈

Table for 3, please.

추가 표현이 필요한 순간!

추가 표현 바로 듣기

식당에 들어가면 직원이 예약 여부를 물어보는 경우도 있으니 잘 듣고 대답해 보세요.

✓ **예약하셨나요?**
식당 직원이 물어봅니다.

두유 해버 뤠절배이션
Do you have a reservation?

✓ **네, 했어요.**

예스 아이 두
Yes, I do.

✓ **예약 안 했어요.**

아이 돈 해버 뤠절배이션
I don't have a reservation.

 ## 식당 종류

고급 식당 Fine dining restaurant[파인 다이닝 뤠스터런]
그 음식점만의 특별한 코스 메뉴와 함께 좋은 서비스를 제공하는 곳이에요. 특히 좋은 재료를 사용하고 홀에서 일하는 직원들도 음식에 관해 아주 잘 알고 있지요.

스테이크 전문점 Steak house[스떼이크 하우스]
한국의 패밀리 레스토랑과 유사한 분위기예요. 스테이크를 전문으로 하며 가격은 중간 정도를 유지하고 있어요.

소수 민족 식당 Ethnic restaurant[에쓰닉 뤠스터런]
현지 음식이 아닌 다른 나라의 음식을 파는 곳을 말해요. 대표적으로는 중국 식당(Chinese restaurant), 태국 식당(Thai restaurant), 한국 식당(Korean restaurant)이 여기에 속합니다.

패스트푸드점 Fast food restaurant[패스트 푸우드 뤠스터런]
맥도널드와 같이 햄버거 등을 파는 곳이에요. 음식이 매우 빠르게 나오는 것이 특징이죠.

해산물 전문 식당 Sea food restaurant[씨이 푸우드 뤠스터런]
해산물을 전문으로 하는 곳이며 다양하고 싱싱한 해산물을 경험할 수 있어요.

2 주문

주문을 할 때는 메뉴판을 가리키며 '이거 주세요'라고 해도 되고, 옆 테이블에서 먹는 걸 가리키며 '저거랑 똑같은 거 주세요'라고 해도 돼요. 음료는 무엇으로 할 건지 먼저 물어볼 수 있어요. 그럴 땐 음료 메뉴판(drink menu)을 보고 원하는 걸 고르면 됩니다.

🌐 빨리 단어로 말해요!

단어 바로 듣기

1
주문을 받다
태잌 유얼 오올덜
take your order

2
결정하지 못했다
해븐 디싸이드
haven't decided

3
일행을 기다리다
익스펙트 썸원
expect someone

4
주문할 준비가 된
뤠디 투 오올덜
ready to order

5
이것
디스원
this one

6
현지 음식
로컬 푸우드
local food

7
여기서 좋은
굿 히얼
good here

8
똑같은 것
쌔임원
same one

9
마시다, 마실 것
듀륑크
drink

10
~ 한 잔
어 글래스 옵
a glass of ~

11
그 밖의 다른 것
애닛띵 에얼쓰
anything else

12
전부
오올
all

간단히 문장으로 말해요!

문장 바로 듣기

---

1 주문하시겠어요? 식당 직원이 물어봅니다.

캔아이 태익 유얼 오올덜
Can I take your order?

---

2 아직 결정 못했어요.

아 해븐 디싸이디옛
I haven't decided yet.

> **Tip** decided yet은 '디싸이디드 옛'으로 발음하지 않고 이어서 디싸이디옛으로 해야 자연스럽습니다.

---

3 일행을 기다리고 있어요.

암 익스펙팅 썸원
I'm expecting someone.

┼ 추가 표현
다른 사람을 기다리고 있어요.
암 웨이링 포얼 썸바리
I'm waiting for somebody.

식당

---

4 주문할게요.

암 뤠디 투 오올덜
I'm ready to order.

---

5 이거 주세요. 메뉴판을 손가락으로 가리키며

디스원 플리즈
This one, please.

---

6 이곳 현지 음식이 뭔가요?

왓이즈 로컬 푸우드 히얼
What is local food here?

문장 바로 듣기

7 여기 뭐가 좋은가요?

왓츠 굿 히얼

What's good here?

---

8 옆자리와 똑같은 메뉴로 해주세요.

더 쌔임원 애즈 더 넥스 태이브얼 플리즈

The same one as the next table, please.

---

9 음료는 무엇으로 하시겠습니까? 식당 직원이 물어봅니다. 🔊

왓 우쥬 라익 투 듀륑크

What would you like to drink?

---

10 화이트 와인 한 잔 주세요.

아이드 라이커 글래스 옵 와잇 와인

I'd like a glass of white wine.

---

11 다른 필요한 거 있으세요? 식당 직원이 물어봅니다. 🔊

애닛띵 에얼쓰

Anything else?

---

12 그게 전부입니다.

댓츠 오올

That's all.

> **➕ 추가 표현**
> 그게 전부입니다.
> 댓츠 잇
> That's it.

추가 표현이 필요한 순간!

추가 표현 바로 듣기

주문 시 자신의 음식 취향에 맞게 추가로 요청해 보세요.

✓ 뭐가 들어가나요?
왓츠 인 잇
What's in it?

✓ 짜지 않게 해 주세요.
노우 솔트 플리즈
No salt, please.

✓ 맵지 않게 해 주세요.
낫 스빠이씨 플리즈
Not spicy, please.

✓ 고수는 빼 주세요.
노우 씰렌트뤄 플리즈
No cilantro, please.

테이블 세팅(Table Setting) 알아보기

식당

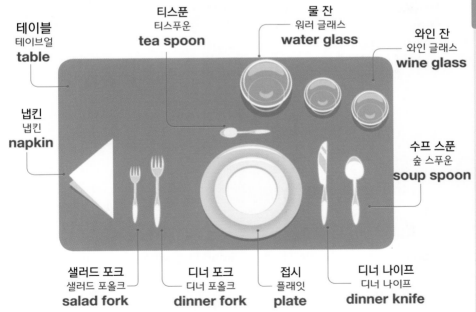

테이블
테이블얼
table

티스푼
티스푸운
tea spoon

물 잔
워러 글래스
water glass

와인 잔
와인 글래스
wine glass

냅킨
냅킨
napkin

수프 스푼
숲 스푸운
soup spoon

샐러드 포크
샐러드 포올크
salad fork

디너 포크
디너 포올크
dinner fork

접시
플래잇
plate

디너 나이프
디너 나이프
dinner knife

📍 메뉴판 읽기

1. 조리법

roasted
로스티드
구운

steamed
스팀드
찐

braised
브레이즈드
푹 삶은

baked
베이크드
오븐에 구운

2. 메뉴 종류

starter / appetizer
스따털 / 애피타이절
전채 요리

side dish
사이드 디쉬
곁들임 요리

main dish
메인 디쉬
요리

3. 음료 종류

draft beer
드래프트 비어
생맥주

bottled beer
바를드 비어
병맥주

sparkling wine
스빠크얼링 와인
스파클링 와인
탄산이 든 와인

non-alcoholic
넌 알코홀릭
알코올이 들어가지 않은

grilled
그릴드
그릴에 구운

raw
로우
익히지 않은, 날것의

boiled
보일드
끓인

fried
프라이드
튀긴

beverage
베버뤄줘
음료

dessert
디졀트
디저트

rose wine
로우즈 와인
로제 와인

white wine
와잇 와인
화이트 와인

red wine
뤠드 와인
레드 와인

cocktail
칵테이어
칵테일

soda
쏘다
탄산음료

3 추가 요청과 문제 발생

음식을 주문하고 나면 요청 사항이나 불만이 생기게 되지요. 그럴 때는 당당하게 자신의 의견을 말해 보세요. 그러면 당장 음식을 다시 요리해 주거나 바꿔 주기도 한답니다.

🌐 빨리 단어로 말해요!

단어 바로 듣기

1

물 좀 더
모얼 워러
more water

2

소스 좀 더
모얼 쏘스
more sauce

3

떨어뜨리다
드랍
drop

4

새 포크
뉴 포올크
new fork

5

젓가락
챱스틱스
chopsticks

6

주문을 바꾸다
췌인지 마이 오올덜
change my order

7

너무 오래 걸리다
태익 소우 롱
take so long

8

나오는 중
온 잇츠 웨이
on its way

9

음료
듀륑크
drink

10

주문하지 않았다
디른 오올덜
didn't order

11

더러운
더리
dirty

12

머리카락
해어얼
hair

1 물 좀 더 주세요.

모얼 워러 플리즈

More water, please.

2 소스 좀 더 주세요.

모얼 쏘스 플리즈

More sauce, please.

3 포크를 떨어뜨렸어요.

아이 드랍트 마이 포올크

I dropped my fork.

 Tip 스푼이나 포크를 떨어뜨렸을 때는 새로 달라고 요청하세요.

식당

4 새 포크 좀 주세요.

뉴 포올크 플리즈

New fork, please.

5 젓가락 있어요?

두유 햅 촵스틱스

Do you have chopsticks?

6 주문을 바꿀 수 있어요?

캔아이 췌인지 마이 오올덜

Can I change my order?

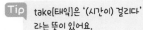

7 주문한 게 너무 오래 걸려요.

마이 오올덜 테익 소우 롱
My order takes so long.

> Tip take[테익]은 '(시간이) 걸리다'
> 라는 뜻이 있어요.

---

8 스테이크 나오는 거예요?

이즈 더 스테익 온 잇츠 웨이
Is the steak on its way?

---

9 음료를 못 받았어요.

아이 디든 겟 마이 듀륑크
I didn't get my drink.

---

10 이거 주문 안 했어요.

아이 디든 오올덜 디스
I didn't order this.

---

11 접시가 더러워요.

디스 플래이잇 룩스 더리
This plate looks dirty.

---

12 스테이크에 머리카락이 있어요.

아이 퐈운더 해어얼 인 마이 스테익
I found a hair in my steak.

제대로 조리가 되지 않은 음식을 받을 경우도 있어요. 그럴 때는 음식에 대한 불만을 말해 보세요.
It's 뒤에 상태를 말해 주면 됩니다.

✓ 덜 익었어요.

잇츠 언덜쿡트
It's undercooked.

✓ 너무 익었어요.

잇츠 오우벌쿡트
It's overcooked.

✓ 너무 탔어요.

잇츠 버언트
It's burnt.

맛에 대한 표현

 맛이 밍밍한, 맛이 없는
플레인/테이스트러스
plain/tasteless

 매운
스파이씨/핫
spicy/hot

 단, 달콤한
스윗트
sweet

 (맛이) 신
싸우얼
sour

 (맛이) 쓴
비럴
bitter

 짠
쏠티
salty

 느끼한, 기름기가 많은
그뤼씨
greasy

 맛있는
뤼얼리 굿/뤼얼리 테이스티
really good/really tasty

식
당

4 후식 이용과 계산

식사를 마칠 즈음에 직원이 와서 식사를 끝냈냐고 물어 보는데 후식이나 계산서를 주기 위해서랍니다. 대부분의 식당은 식사한 자리에서 계산을 해요. 팁을 주는 문화가 있는 미국 같은 나라에서는 팁은 얼마나 그리고 어떻게 주어야 할지 알아볼까요?

🌐 빨리 단어로 말해요!

단어 바로 듣기

1

마치다
퓌니쉬
finish

2

아직 아닙니다
낫 옛
not yet

3

후식
디저얼트
dessert

4

에스프레소
에스프뤠소
espresso

5

가지고 갈
투 고우
to go

6

계산서
췍
check

7

분리된
쎄퍼럿
separate

8

같이
투게덜
together

9

전부
토럴
total

10

이것은 무엇인가
왓츠 디스
what's this

11

잘못된
뤙
wrong

12

팁이 포함된
팁 인클루딩
tip included

간단히 문장으로 말해요!

1 식사 마치셨습니까? 식당 직원이 물어봅니다.

알유 퓌니쉬드
Are you finished?

---

2 아니요, 아직이요.

낫 옛
Not yet.

> ➕ 추가 표현
> 네, 마쳤어요.
> 예스 암 퓌니쉬드
> Yes, I'm finished.

---

3 후식은 뭐가 있나요?

왓 두유 햅 포얼 디저얼트
What do you have for dessert?

食
식
당

---

4 에스프레소로 주세요.

아이드 라일 에스프뤠소
I'd like espresso.

---

5 이거 가져갈 수 있나요?

캔아이 겟 디스 투 고우
Can I get this to go?

> ➕ 추가 표현
> 식당에서 손님이 먹다 남는 것을 넣어 주는
> 봉지를 도기백(doggy bag)이라고 해요.
> **봉지에 싸 주세요.**
> 도기백 플리즈
> Doggy bag, please.

---

6 계산서 주세요.

쳌 플리즈
Check, please.

> Tip 주로 미국에서는 check[쳌]을,
> 영국에서는 bill[비을]을 많이 씁니다.

간단히 문장으로 말해요!

문장 바로 듣기

7 계산을 따로 해 주세요.

쎄퍼럿 췍스 플리즈
Separate checks, please.

---

8 모두 같이 계산해 주세요.

올 투게덜 플리즈
All together, please.

---

9 전부 다해서 얼마예요?

왓츠 더 토럴
What's the total?

---

10 이것은 무슨 금액인가요?

왓츠 디스 포얼
What's this for?

---

11 계산서가 잘못되었네요.

더 췍 이즈 뤙
The check is wrong.

> **✚ 추가 표현**
> 계산서를 보고 이상한 점은 바로 직원에게 말하세요.
> 거스름돈을 잘못 주셨어요.
> 유 개이브 미 더 뤙 췌인지
> You gave me the wrong change.

---

12 팁이 포함되어 있나요?

이즈 더 팁 인클루딛
Is the tip included?

추가 표현이 필요한 순간!

추가 표현 바로 듣기

담당 서버가 돌아다니며 음식 맛은 괜찮은지 확인할 때가 종종 있어요. 그럴 때 음식과 서비스에 만족했다면 칭찬해 주는 센스도 발휘해 보세요.

✓ **음식은 괜찮으십니까?**
식당 직원이 물어봅니다.

이즈 에브리띵 오우케이
Is everything OK?

✓ **네, 모든 것이 훌륭해요.**

예스 에브리띵 이즈 그뤠잇
Yes, everything is great.

✓ **음식 맛이 아주 좋네요.**

더 푸우드 이즈 엑설런트
The food is excellent.

🪧 디저트(Dessert) 종류

뜨거운 커피
핫커피이
hot coffee

에스프레소
에스프레소
espresso
아주 진한 이탈리아식 커피

아이스 커피
아이스드 커피이
iced coffee

치즈 케이크
치이즈 캐익
cheese cake

티라미수
티뤄미슈
tiramisu
이탈리아식 케이크

아이스크림선디
썬대이
sundae
긴 유리잔에 담은 아이스크림

식당

식사 후 팁을 어떻게 주어야 하나요?

계산서를 받은 후에 팁으로 미국의 경우 약 15~20%의 금액을 주시면 됩니다. 서비스가 보통이었으면 15%, 만족했으면 20% 정도 생각하시면 무난해요. 계산서를 받고 금액을 확인 후 카드나 현금으로 음식값을 지불하게 되는데요. 그러면 직원이 결제를 하고 영수증(receipt[뤼씨트])을 가져옵니다. 현금으로 지불했다면 거스름돈(change[췌인지])까지 함께 가져옵니다.

팁을 현금으로 주려면 테이블에 놓고 나오면 되지만 신용 카드로 팁을 주어야 할 때는 어떻게 할까요? 카드로 음식값을 지불하고 받은 영수증에 얼마를 팁으로 줄 것인지 적어서 주면 돼요. 그러면 직원이 알아서 손님의 카드에서 그 금액만큼 돈이 나가게 합니다. 이때 신용 카드를 다시 줄 필요는 없어요.

```
        TGI Friday's #1908
       8801 Villa La Jolla Dr
          (858) 455-0880

   Server: Cicely
   12:37 AM            1/10082
   Table 12/2          2097201

   Visa
   Card sXXXXXXXXXXX1188
   Magnetic card present:
   Approval: 064772
            Amount: 16.00
           + Tip:  1.50
           = Total: 17.50
   X _____

         Guest Copy
```

이곳에 팁으로 줄 금액을 자신이 적어서 주면 돼요.

가끔 어떤 식당에서는 팁을 포함하여 계산서를 주는 경우도 있으니 팁을 이중으로 주지 않도록 주의해야 해요. 그런 경우에는 계산서에 Gratuity[그래투어리] 혹은 Gratuity included[그래투어리 인쿨루딛]이라고 적혀 있어요. 이런 경우에는 이미 팁(봉사료)이 포함되어 있어 추가로 팁을 줄 필요가 없으니 반드시 계산서를 잘 확인해 보세요!

```
3..Griglo G1           22.50
2..Bordeaux G1         17.00
2..CORSENOONK BROWN
                       18.00
2..ABSOLUT             16.00
2..DUVEL DRAFT         16.00
2..BLANCHE 50CL        18.00
3..DIET COKE            7.50
1..PALM                 7.50
1..18% GRATUITY($153.90)
                       ‑‑‑
          Items       855.00
            Tax        71.59
       Gratuity       153.90
     TOTAL          1080.49
```

GRATUITY: 팁

다양한 식당 이용

패스트푸드점이나 카페, 술집도 이용해 볼까요? 같은 프랜차이즈라도 각 나라별로 독특한 음식을 파는 경우도 있으니 한번 맛보는 것도 좋아요. 각 나라의 특색이 담긴 커피와 술도 즐겨 보세요.

빨리 단어로 말해요!

단어 바로 듣기

1
코카콜라
콕크
coke

2
1번
넘버 원
number 1

3
대신
인스텟
instead

4
가지고 가다
태익 아웃
take out

5
크기를 업그레이드하다
업싸이즈
upsize

6
리필
뤼필
refill

7
아메리카노 한잔
원 어메리카노
one Americano

8
따뜻한 / 차가운
핫 / 아이스드
hot / iced

9
어떤 사이즈
왓 싸이즈
what size

10
보통
뤠귤러
regular

11
크림 없이
위다웃 크림
without cream

12
(자리를) 차지한
태이큰
taken

간단히 문장으로 말해요!

문장 바로 듣기

1 치즈 버거와 코카콜라 주세요.

치즈 버어걸 앤 콕크 플리즈

Cheese burger and coke, please.

> **Tip** 코카콜라는 콕크(coke)로,
> 펩시콜라는 펩씨(pepsi)로 불러요.

---

2 1번으로 주세요.

넘버 원 플리즈

Number 1, please.

> **Tip** 세트 메뉴 주문할 때는 그냥 앞에 보이
> 는 대로 번호만 이야기 하면 됩니다.

---

3 스프라이트로 대신할 수 있을까요?

캔아이 햅 스프라잇 인스텟

Can I have Sprite instead?

> **Tip** 외국의 패스트푸드점은 컵만 제공하고
> 음료는 스스로 뽑아 먹는 경우가 많아요.
> 케첩, 빨대, 냅킨 등 모두 셀프바에
> 준비되어 있으니 알아서 챙기면 돼요!

식당

---

4 드시고 갈 건가요, 가지고 가실 건가요? 직원이 물어봅니다.

히얼 오얼 태익 아웃 / 히얼 오얼 투고

Here or take out? / Here or to go?

> **➕ 추가 표현**
>
> 먹고 갈게요.
> 히얼
> **Here.**
>
> 가지고 갈게요.
> 투 고우 / 태익 아웃
> **To go. / Take out.**

---

5 감자 튀김 사이즈를 업그레이드해 줄 수 있어요?

캔유 업싸이즈 더 프라이스?

Can you upsize the fries?

 ➡

---

6 리필해 줄 수 있어요?

캔아이 게러 뤼필

Can I get a refill?

간단히 문장으로 말해요!

문장 바로 듣기

---

7 아메리카노 한잔 주세요.

원 어메리카노 플리즈

One Americano, please.

작은 것　보통　큰 것
스모올　뤠귤러　라알쳐
small regular large

---

8 따뜻한 거 드릴까요, 차가운 거 드릴까요? 직원이 물어봅니다.

핫 오올 아이스드

Hot or iced?

---

9 어떤 사이즈로 하시겠어요? 직원이 물어봅니다.

왓싸이즈 두유 원트

What size do you want?

---

10 보통 사이즈로 주세요.

뤠귤러 싸이즈 플리즈

Regular size, please.

---

11 크림은 빼 주세요.

위다웃 크뤔 언 잇 플리즈

Without cream on it, please.

---

12 여기 자리 있어요?

이즈디스 테이큰

Is this taken?

---

132 착! 붙는 여행영어

추가 표현이 필요한 순간!

추가 표현 바로 듣기

술을 한잔 하자고 말할 때 쓰는 술은 alcohol[앨코홀]이라고 하지 않고 drink[듀륑크]라고 해요.

✓ 술 한잔 할까요?

렛츠 해버 듀륑크
Let's have a drink.

✓ 생맥주로 하시겠어요, 병맥주로 하시겠어요?
직원이 물어봅니다. 🔊

드뤱 오얼 바를
Draft or bottle?

✓ 생맥주 한 잔 주세요.

어 드뤱 플리즈
A draft, please.

🪧 해피 아워(HAPPY HOUR)

식당

Buy 1 Get 1 Free: 한 잔 가격에 두 잔!

HAPPY HOUR 해피 아월

'행복한 시간'이란 뜻인데 흔히 Bar나 Pub 앞에 붙어 있는 말로, 보통 손님이 적은 낮이나 이른 저녁 시간대에 진행돼요. 해당 시간대에는 원래 가격보다 좀 더 저렴한 가격으로 먹을 수 있어요.

5. 다양한 식당 이용 **133**

PART 6
쇼핑

1 재래시장

2 매장 찾아가기

3 옷 구매

4 계산

5 교환과 환불

미국 유타 브라이스 캐니언

재래시장

재래시장에 가면 다양한 볼거리가 있고 비교적 싸게 기념품 등을 구입할 수 있어요. 현지인들의 삶을 체험할 수 있는 좋은 기회가 되지요. 재래시장에서 구매할 때는 진품인지 가짜인지도 꼭 확인해 보시고 가격 흥정도 시도해 보세요!

빨리 단어로 말해요!

단어 바로 듣기

1

재래시장
트래디셔널 마알킷
traditional market

2

진짜
뤼얼
real

3

가짜
풰잌
fake

4

모조품
낙오프
knock-off

5

보여 주다
쇼우
show

6

손으로 만든
핸매이드
hand-made

7

가죽
레덜
leather

8

인조
씬떼릭
synthetic

9

지역
로컬
local

10

지역 특산품
로컬 프라덕트
local product

11

열쇠 고리
키이 췌인
key chain

12

마그네트(자석)
매그너트
magnet

간단히 문장으로 말해요!

1 재래시장이 어디예요?

웨얼이즈 어 트래디셔널 마알킷

Where is a traditional market?

---

2 이거 진짜예요?

이즈디스 뤼얼

Is this real?

> **Tip** 이즈 디스(Is this) ~?: 이거 ~예요?

---

3 이거 가짜 가방이에요?

이즈디스 어 풰일백

Is this a fake bag?

---

4 이거 모조품인가요?

이즈디스 어 낙오프

Is this a knock-off?

╋ 추가 표현
• 모조품: 이미태이션(imitation)

쇼
핑

---

5 저것 좀 보여 주세요.

쇼우미 댓원 플리즈

Show me that one, please.

---

6 이거 수제인가요?

이즈디즈 핸매이드

Is this hand-made?

간단히 문장으로 말해요!

7 이거 가죽인가요?

이즈디스 레덜
Is this leather?

---

8 그건 인조 가죽이에요. 상인이 대답합니다.

잇츠 씬떼릭 레덜
It's synthetic leather.

---

9 이거 이 지역에서 나는 거예요?

이즈디스 어 로컬 원
Is this a local one?

---

10 지역 특산품이에요. 상인이 대답합니다.

디즈 아알 풰이머스 로컬 프라덕스
These are famous local products.

---

11 열쇠 고리 있어요?

두유 햅 키이 췌인스
Do you have key chains?

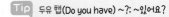

Tip 두유 햅(Do you have) ~?: ~있어요?

---

12 다른 마그네트 있어요?

두유 햅 디풔런 매그넛츠
Do you have different magnets?

138 착! 붙는 여행영어

추가 표현이 필요한 순간!

추가 표현 바로 듣기

재래시장에서는 흥정을 시도해 보세요. 동남아 쪽 국가에서는 제값보다 비싸게 금액을 부르기 때문에 흥정을 꼭 시도해야 해요.

✓ 얼마예요?

하우머취 이즈 잇
How much is it?

✓ 너무 비싸요!

투 익스뻰시브
Too expensive!

✓ 깎아주세요.

캔유 디스카운트
Can you discount?

✓ 30달러면 어때요?

하우어바웃 떠뤼 다알러즈
How about 30 dollars?

 ## 재래시장에서 볼 수 있는 과일 종류

수박
워러메론
watermelon

망고스틴
맹고우스틴
mangosteen

코코넛
코코넛
coconut

망고
맹고우
mango

용과
드뤠곤 푸룻
dragon fruit

파인애플
파인애프얼
pineapple

복숭아
피이취
peach

바나나
버내너
banana

오렌지
어륀지
orange

두리안
두리안
durian

쇼핑

2 | 매장 찾아가기

여러 상점이 밀집되어 있는 쇼핑몰이나 백화점에서는 다양한 물건들을 볼 수 있죠. 꼭 물건을 사지 않더라도 이것 저것 구경하는 윈도우 쇼핑(window shopping)으로도 쏠 쏠한 재미를 느낄 수 있습니다.

🌐 빨리 단어로 말해요!

단어 바로 듣기

1

기념품 가게
수베니얼샵
souvenir shop

2

여성복 가게
레이디즈 클로즈 스토얼
ladies' clothes store

3

서점
북스토얼
book store

4

문구점
스테이셔너리 스토얼
stationery store

5

내려가는 에스컬레이터
다운 에스컬레이러
down escalator

6

전자 제품 매장
일렉트라닉스 스토얼
electronics store

7

주류 판매점
리쿼 스토얼
liquor store

8

올라가는 에스컬레이터
업 에스컬레이러
up escalator

9

슈퍼마켓
슈펄마킷
supermarket

10

1층
더 펄스트 플로어
the first floor

11

2층
더 세컨 플로어
the second floor

12

지하 1층
더 펄스트 베이스먼트
the first basement

간단히 문장으로 말해요!

문장 바로 듣기

1 기념품 가게가 어디 있나요?

웨얼이즈 더 수베니얼샵
Where is the souvenir shop?

---

2 여성복 가게는 어디에 있나요?

웨얼이즈 더 레이디즈 클로즈 스토얼
Where is the ladies' clothes store?

---

3 서점이 있나요?

 이즈 데얼(Is there) ~?: ~이 있나요?
(매장 자체가 있는지 모를 때)

이즈데얼 어 북스토얼
Is there a book store?

---

4 문구점이 있나요?

이즈데얼 어 스테이셔너리 스토얼
Is there a stationery store?

쇼핑

---

5 내려가는 에스컬레이터가 어디에 있나요?

웨얼이즈 더 다운 에스컬레이러
Where is the down escalator?

---

6 전자 제품 매장이 어디에 있어요?

웨얼이즈 디 일렉트라닉스 스토얼
Where is the electronics store?

간단히 문장으로 말해요!

7 주류 판매점이 몇 층에 있나요?

왓플로어 이즈 더 리퀄 스토얼 언
What floor is the liquor store on?

---

8 올라가는 에스컬레이터가 어디에 있나요?

웨얼이즈 디 업 에스컬레이러
Where is the up escalator?

---

9 슈퍼마켓이 몇 층에 있나요?

왓플로어 이즈 더 슈펄마킷 언
What floor is the supermarket on?

 왓플로어 이즈 ~ 언(What floor is ~ on)?:
~은 몇 층에 있나요?

---

10 1층에 있어요. 직원이 안내합니다.

이츠 언 더 펄스트 플로얼
It's on the first floor.

---

11 2층에 있어요. 직원이 안내합니다.

잇츠 언 더 세컨 플로어
It's on the second floor.

---

12 지하 1층에 있어요. 직원이 안내합니다.

잇츠 인 더 펄스트 배이스먼트
It's in the first basement.

추가 표현이 필요한 순간!

추가 표현 바로 듣기

가족이나 친구를 위해 선물을 사려고 할 때 어떤 표현이 좋을까요?

✓ 이건 뭐 하는 거예요?

왓츠 디스 포얼
What's this for?

. . . .

✓ 부모님[젊은 남자]에게는 뭐가 좋을까요?

왓츠 굿 포얼 패어런츠[영 멘]
What's good for parents[young men]?

여러 가지 매장 명칭

화장품 가게
코스메릭 스토얼
cosmetic store

편의점
컨비니언스 스토얼
convenience store

시계 가게
왓치 샵
watch shop

보석 가게
쥬얼리 샵
jewelry shop

신발 가게
슈 스토얼
shoe store

스포츠 용품 가게
스포올츠 샵
sports shop

쇼핑

3 옷 구매

옷을 고르는 것은 아무래도 행복한 일정입니다. 내가 정말 사고 싶은 옷을 사려면 필요한 말들을 할 줄 알아야겠죠? 잘 체크해 보시고 쇼핑을 즐겨 보세요.

빨리 단어로 말해요!

단어 바로 듣기

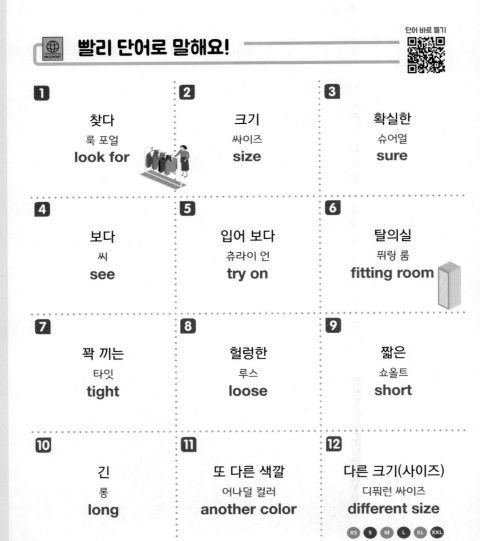

1
찾다
룩 포얼
look for

2
크기
싸이즈
size

3
확실한
슈어얼
sure

4
보다
씨
see

5
입어 보다
츄라이 언
try on

6
탈의실
퓌링 룸
fitting room

7
꽉 끼는
타잇
tight

8
헐렁한
루스
loose

9
짧은
쇼올트
short

10
긴
롱
long

11
또 다른 색깔
어나덜 컬러
another color

12
다른 크기(사이즈)
디풔런 싸이즈
different size

XS S M L XL XXL

간단히 문장으로 말해요!

1 셔츠를 하나 찾고 있어요.

암 룩킹 포얼 어 셔얼트

I'm looking for a shirt.

2 사이즈가 어떻게 되세요? 직원이 물어봅니다.

왓츠 유얼 싸이즈

What's your size?

┌─────────────── ➕ 추가 표현 ─┐
자신의 사이즈를 대답해 보세요.
- 90 사이즈: 싸이즈 나인티(Size 90)
- 100 사이즈: 싸이즈 원헌드렛(Size 100)
- 스몰 사이즈: 스모올(Small)
- 미디엄 사이즈: 미디엄(Medium)
- 라지 사이즈: 라알쥐(Large)
└──────────────────────────┘

3 확실히 모르겠어요.

암 낫 슈어얼

I'm not sure.

4 저 재킷 좀 볼 수 있을까요?

캔아이 씨 댓 재킷

Can I see that jacket?

쇼핑

5 이거 입어 봐도 돼요?

캔아이 츄라이 디스 언

Can I try this on?

6 탈의실이 어디예요?

웨얼이즈 더 퓌링 룸

Where is the fitting room?

7 너무 꽉 끼어요.

잇츠 투 타잇
It's too tight.

> **Tip** 잇츠 투(It's too) ~: 너무 ~해요

---

8 너무 헐렁해요.

잇츠 투 루스
It's too loose.

---

9 너무 짧아요.

잇츠 투 쇼올트
It's too short.

---

10 너무 길어요.

잇츠 투 롱
It's too long.

---

11 또 다른 색깔 있어요?

두유 햅 어나덜 컬러
Do you have another color?

---

12 다른 사이즈 있어요?

두유 해버 디풔런 싸이즈
Do you have a different size?

추가 표현이 필요한 순간!

추가 표현 바로 듣기

직원이 다가와 물어볼 때 그냥 구경하는 거라고 말하고 싶으면 이렇게 표현하세요.

✓ **도와드릴까요?** 직원이 물어봅니다. 🔊

하우 매아이 헤얼프 유
How may I help you?

✓ **둘러보는 거예요.**

암 브라우징
I'm browsing.

✓ **그냥 구경하고 있어요.**

암 저스트 루킹
I'm just looking.

✓ **고마워요. 다음에 올게요.**

땡큐 알비백
Thank you. I'll be back.

🪧 사이즈 정리

구분	XS	S	M	L	XL
여자					
한국	44(85)	55(90)	66(95)	77 (100)	88(105)
미국	2	4	6	8	10
유럽	34	36	38	40	42
남자					
한국	85	90~95	95~100	100~105	105~110
미국	XS	S	M	L	XL
유럽	44	46	48	50	52

쇼핑

📍 옷 종류 총정리

1. 상의

티셔얼트
T-shirt

셔얼트
shirt

블라우스
blouse

코우트
coat

스웨러/풀오우버
sweater/pullover

재킷
jacket

스파게리 스트랩스
spaghetti straps
어깨 끈이 가느다란 상의

2. 하의

쥔즈
jeans

팬츠/트라우절즈
pants/trousers

레깅즈
leggings

카프리 팬츠
capri pants

7부나 8부의 여성용 바지

숏츠
shorts

스컬트
skirt

3. 속옷

팬티즈
panties
여성이나 어린이용 속옷 하의

브라
bra

브립스
briefs

박설즈
boxers
남성용 사각 팬티

4. 액세서리

싹스
socks

글로브즈
gloves

미른즈
mittens

햇
hat

캡
cap

타이
tie

스카아프
scarf

4 계산

돈을 지불할 때는 할인은 되는지, 쿠폰은 사용할 수 있는지를 확인하세요. 미국이나 캐나다에서는 가격표 금액에 판매세를 추가해서 지불해야 해요. 판매세는 주에 따라 3~11.5%까지 다양하게 적용됩니다.

빨리 단어로 말해요!

단어 바로 듣기

1
선택하다(사다)
태잌
take

2
얼마
하우 머취
how much

3
전체 가격
토럴 프롸이스
total price

4
깎아주다, 할인하다
디스카운트
discount

5
좀 더
모얼
more

6
더 낮추어
로우얼
lower

7
세일하는
언 새이얼
on sale

SUPER
ONE DAY ONLY
SALE

8
할인율
디스카운트 뤠잇
discount rate

9
20퍼센트 할인
투웬티 펄센 어프
20% off

10
세일 가격
새이얼 프롸이스
sale price

11
쿠폰
쿠포온
coupon

12
거스름돈
췌인지
change

간단히 문장으로 말해요!

1 이걸로 살게요.

아윌 테익 디스
I'll take this.

---

2 얼마예요?

하우머취 이즈 잇
How much is it?

---

3 전체 다해서 가격이 얼마예요?

왓츠 더 토털 프라이스
What's the total price?

---

4 깎아 줄 수 있어요?

캔유 디스카운트
Can you discount?

> Tip 캔유(Can you) ~?:
> ~해 줄 수 있어요?

---

5 좀 더 깎아 줄 수 있어요?

캔유 디스카운트 모얼
Can you discount more?

---

6 가격을 좀 더 낮추어 줄 수 있어요?

캔유 고우 애니 로우얼
Can you go any lower?

쇼핑

간단히 문장으로 말해요!

문장 바로 듣기

7 할인돼요?

이즈디스 언 새이얼

Is this on sale?

8 몇 퍼센트 할인해요?

왓츠 더 디스카운트 뤠잇

What's the discount rate?

9 이십 퍼센트 할인합니다. 직원이 대답합니다.

위알 아뭐링 투웬티 펄센 어프

We're offering 20% off.

10 이 가격이 할인 가격이에요?

이즈디스 더 새이얼 프라이스

Is this the sale price?

11 이 쿠폰 사용할 수 있어요?

캔아이 유즈 디스 쿠포온

Can I use this coupon?

12 거스름돈을 덜 받았어요.

유 디든 기브미 올 마이 췌인지

You didn't give me all my change.

⊕ 추가 표현이 필요한 순간!

추가 표현 바로 듣기

계산할 때 직원의 질문에 이렇게 대답하세요.

✓ **현금이에요, 신용 카드예요?**
직원이 물어봅니다. 👂

캐쉬 오얼 카아드
Cash or card?

✓ **현금이요.**

캐쉬
Cash.

✓ **직불 카드예요, 신용 카드예요?**
직원이 물어봅니다. 👂

데빗 오얼 크레딧
Debit or credit?

✓ **신용 카드요.**

크레딧
Credit.

✓ **할부는 어떻게 해 드릴까요?**
직원이 물어봅니다. 👂

하우매니 인스톨먼츠
How many installments?

✓ **3개월이요.**

뜨뤼 먼쓰 플리즈
Three months, please.

✓ **일시불로 지불할게요.**

아이드 라잌 투 패이 인 푸울
I'd like to pay in full.

쇼핑

⚲ 이중으로 나가는 카드 수수료를 조심하세요!

해외에서 쇼핑을 할 때 간혹 원화로 표시되어 있는 경우가 있어요. 카드 발행국의 화폐로 결제해 주는 '자국통화결제서비스'로 일명 DCC라고 불립니다. DCC는 원화로 표시되니까 편리하기는 하지만 이중 혹은 삼중으로 높은 수수료를 내야 합니다.

1. 현지 화폐로 해외 결제

2. 해외에서 원화로 결제

대부분의 카드는 해외에서 원화로 살 경우 2, 3회 수수료를 받게 되어 있으므로 미리 차단해 두시는 것이 좋습니다. 차단 방법은 두 가지가 있습니다.

❶ 여행을 가시기 전에 카드사에 전화해서 해외 원화 결제를 차단해 달라고 요청 하시면 됩니다.

❷ 두 번째 방법은 카드사 홈페이지나 앱을 사용하는 것인데, 카드 사용 등록/해 제에서 해외 원화 결제 정지/해제에 들어가서 조정하시면 됩니다.

이렇게 조정하고 나서 현지에서 카운터에서 승인 거부가 뜬다고 할 경우 현지 화폐로 재승 인 결제를 다시 요청해야 합니다.
Local currency, please.[로컬 커렌씨 플리즈] 혹은 Local money, please.[로컬 머니 플리 즈]라고 하시면 됩니다. 뜻은 '현지 돈으로 해주세요'입니다.

＊국내에서 해외 사이트에 들어가서 직구 하실 때도 DCC를 차단하시고 결제하시면 좋습니다.

DCC 사전차단시스템 이용절차(예시)

소비자		해외 가맹점		카드사
해외여행 전 카드사에 DCC 차단 시청	➡	현지 통화가 아닌 원화로 결제(DCC)	➡	카드승인 거절 ＊카드 이용자 요청시 현지통화로 결제 가능

5 교환과 환불

물건을 샀는데 교환과 환불이 필요한 순간이 있죠. 계산한 뒤에 영수증을 받아 두어야 교환 및 환불이 가능하니 꼭 챙겨 두세요.

빨리 단어로 말해요!

단어 바로 듣기

1
교환
익스췌인지
exchange

2
환불
리펀드
refund

3
문제
프라블럼
problem

4
얼룩진
스때인드
stained

5
흠집이 있는
대미쥐드
damaged

6
고장 난
브뤄큰
broken

7
사이즈가 잘못된
뤙 싸이즈
wrong size

8
언제 구매
웬 디쥬 바이
when did you buy

9
어제
예스털데이
yesterday

10
영수증
뤼씻
receipt

11
잃어버렸다
로스트
lost

12
현금 / 카드
캐쉬 / 크레딧 카알드
cash / credit card

간단히 문장으로 말해요!

문장 바로 듣기

1 이것을 교환할 수 있을까요?

캔아이 익스췌인지 디스

Can I exchange this?

---

2 이것을 환불할 수 있을까요?

캔아이 게러 뤼펀드

Can I get a refund?

---

3 무슨 문제가 있나요? 직원이 물어봅니다.

이즈데얼 어 프라블럼

Is there a problem?

---

4 얼룩이 있어요.

잇츠 스때인드

It's stained.

---

5 흠집이 있어요.

잇츠 대미쥐드

It's damaged.

---

6 고장이 났어요.

잇츠 브뤄큰

It's broken.

쇼핑

7 사이즈가 안 맞아요.

잇츠 더 뤙 싸이즈
It's the wrong size.

---

8 언제 구매하셨나요? 직원이 물어봅니다.

웬디쥬 바이 디스
When did you buy this?

---

9 어제 샀어요.

아이 바아릿 예스털대이
I bought it yesterday.

---

10 영수증 가지고 오셨나요? 직원이 물어봅니다.

두유 햅 더 뤼씻
Do you have the receipt?

---

11 아니요, 영수증을 잃어 버렸어요.

노 아이 로스트 마이 뤼씻
No, I lost my receipt.

---

12 현금으로 결제하셨나요, 카드로 결제하셨나요? 직원이 물어봅니다.

디쥬 패이 인 캐쉬 오얼 바이 크레딧 카알드
Did you pay in cash or by credit card?

추가 표현이 필요한 순간!

추가 표현 바로 듣기

구매한 물건을 포장하고 싶을 때는 다음과 같이 말해 보세요.

✓ 포장해 줄 수 있어요?

캔유 뤱 잇
Can you wrap it?

✓ 선물 포장해 줄 수 있어요?

캔유 깁트 뤱 잇
Can you gift wrap it?

✓ 포장은 무료인가요?

이즈 더 뤱핑 프뤼
Is the wrapping free?

 ## 포장할 때 쓰이는 재료들

비닐 봉지
플라스틱 백
plastic bag

종이백
패이펄 백
paper bag

상자
빡스
box

뽁뽁이
버블 뤱
bubble wrap

리본
뤼본
ribbon

쇼핑

PART 7
관광

1 관광지 찾아가기

2 사진 찍기

3 박물관과 공연

4 야외 스포츠

5 놀이공원

필리핀 보라카이

1 관광지 찾아가기

대개는 가 볼 만한 관광지를 여행 전에 미리 인터넷으로 검색해두겠지만 준비를 못했다면 현지 여행사를 이용하거나 숙소 직원에게 추천을 받아 보세요. 유명한 여행지도 좋지만 현지인들이 즐기는 명소를 찾아가 보는 것도 재미있겠죠?

🌐 빨리 단어로 말해요!

단어 바로 듣기

1
갈 만한 좋은 곳
굿 플레이스 투 비짓
good place to visit

2
인기 있는 관광지
파퓰러 어트랙션
popular attraction

3
거기에 가다
겟 데얼
get there

4
먼
퐈알
far

5
가까운
클로우스
close

6
걷다
웍
walk

7
인기 있는 관광
파퓰러 투얼
popular tour

8
시티 투어
씨리 투얼
city tour

9
떠나다
리이브
leave

10
끝나다
퓌니쉬
finish

11
출발하다
스따알트
start

12
돌아오다
비 백
be back

간단히 문장으로 말해요!

문장 바로 듣기

1 갈 만한 좋은 곳이 어디예요?

웨얼이즈 어 굿 플래이스 투 비짓

Where is a good place to visit?

---

2 거기 유명 관광지예요?

이즈 잇어 파퓰럴 어트랙션

Is it a popular attraction?

---

3 거기에 어떻게 갈 수 있어요?

하우 캔아이 겟 데얼

How can I get there?

---

4 멀어요?

이즈 잇 퐈알

Is it far?

---

5 가깝나요?

이즈 잇 클로우스

Is it close?

---

6 걸어서 갈 수 있나요?

캔아이 웍 데얼

Can I walk there?

간단히 문장으로 말해요!

문장 바로 듣기

7 가장 인기 있는 투어가 무엇인가요?

왓츠 더 모스트 파퓰럴 투얼

What's the most popular tour?

---

8 시내 투어가 있나요?

두유 햅 애니 씨리 투얼즈

Do you have any city tours?

---

9 투어는 언제 떠나나요?

웬더즈 더 투얼 리이브

When does the tour leave?

> **Tip** 웬 더즈 더 투얼(When does the tour) ~?:
> 투어는 언제 ~하나요?

---

10 투어는 언제 끝나나요?

웬더즈 더 투얼 퓌니쉬

When does the tour finish?

---

11 어디에서 출발하나요?

웨얼더즈 더 투얼 스따알트

Where does the tour start?

---

12 몇 시까지 돌아와야 해요? 그룹 투어에서 자유 시간이 주어졌을 때 사용하는 표현

왓타임 슈라이 비 백

What time should I be back?

✦ 추가 표현이 필요한 순간!

추가 표현 바로 듣기

관광지를 찾다가 길을 잃었을 때 할 수 있는 표현을 알아 볼까요?

✓ 실례합니다.
익스큐즈미
Excuse me.

✓ 여기가 어디예요?
웨얼 앰 아이 / 웨얼 알 위 둘 이상일 때
Where am I? / Where are we?

✓ 길을 잃었어요.
암 로스트 / 위 알 로스트 둘 이상일 때
I'm lost. / We are lost.

✓ 제 일행을 잃어버렸어요.
아이 로스트 마이 그룹 / 위 로스트 아월 그룹 둘 이상일 때
I lost my group. / We lost our group.

관광지에서 볼 수 있는 표지판

들어가지 마시오
두 낫 엔터
Do not enter

금연
노 스모킹
No smoking

음식물 반입 금지
노 푸드 오얼 드링크 얼라우드
No food or drink allowed

만지지 마시오
두 낫 터치
Do not touch

휴대폰을 무음으로 하시오
사일런스 유얼 모바이어 포온
Silence your mobile phone

사진 촬영 금지
노 포토스
No photos

관광

2 사진 찍기

관광지에 갔다면 멋진 사진을 남겨야겠죠? 사진을 찍을 때 필요한 다양한 표현들을 익혀서 사용해 보세요.

빨리 단어로 말해요!

단어 바로 듣기

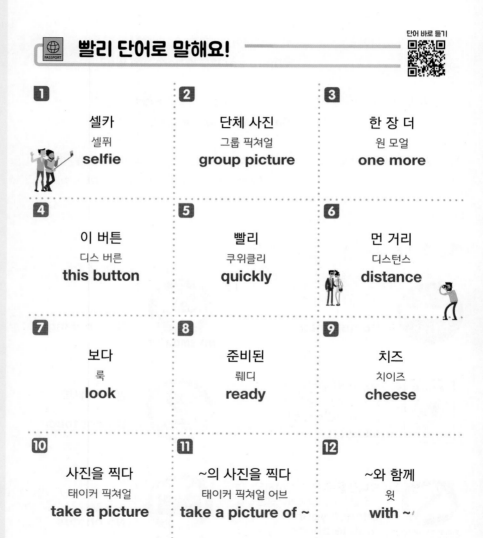

1
셀카
셀퓌
selfie

2
단체 사진
그룹 픽쳐얼
group picture

3
한 장 더
원 모얼
one more

4
이 버튼
디스 버른
this button

5
빨리
쿠위클리
quickly

6
먼 거리
디스턴스
distance

7
보다
룩
look

8
준비된
뤠디
ready

9
치즈
치이즈
cheese

10
사진을 찍다
태이커 픽쳐얼
take a picture

11
~의 사진을 찍다
태이커 픽쳐얼 어브
take a picture of ~

12
~와 함께
윗
with ~

간단히 문장으로 말해요!

1 셀카 같이 찍어요.

렛츠 테이커 셀퓌
Let's take a selfie.

---

2 단체 사진 찍어요.

렛츠 테이커 그룹 픽쳐얼
Let's take a group picture.

---

3 한 장 더 부탁해요.

원 모얼 플리즈
One more, please.

---

4 이 버튼을 누르세요.

푸쉬 디스 버튼
Push this button.

---

5 빨리 찍어 주실래요?

쿠쥬 테이킷 쿠위클리
Could you take it quickly?

---

6 멀리서 찍어 주세요.

킵어 디스턴스 플리즈
Keep a distance, please.

관광

간단히 문장으로 말해요!

문장 바로 듣기

7 카메라 보세요.

룩앳 더 캐머라

Look at the camera.

---

8 준비됐어요?

알유 뤠디

Are you ready?

---

9 치즈 해보세요.

새이 치이즈

Say cheese.

---

10 사진 찍어도 돼요?

캔아이 태이커 픽쳐얼

Can I take a picture?

---

11 사진 좀 찍어 줄 수 있어요?

캔유 태이커 픽쳐얼 업미

Can you take a picture of me?

---

12 당신과 함께 사진 찍을 수 있을까요?

캔아이 태이커 픽쳐얼 윗유

Can I take a picture with you?

> **Tip** 누구랑 같이 사진을 찍고 싶으면 태이커 픽쳐얼(take a picture) 다음에 윗(with)을 넣으면 됩니다.
>
> 저 남자와 같이 사진 찍을 수 있을까요?
> 캔 아이 태어커 픽쳐얼 윗 더 맨
> Can I take a picture with the man?

추가 표현이 필요한 순간!

추가 표현 바로 듣기

사진 찍을 때 이렇게도 말해 보세요.

✓ 세로로 찍어 주세요.

태이커 픽쳐얼 벌티컬리 플리즈
Take a picture vertically, please.

✓ 가로로 찍어 주세요.

태이커 픽쳐얼 호리존틀리 플리즈
Take a picture horizontally, please.

✓ 저 건물이 나오게 찍어 줄 수 있어요?

캔유 태이커 픽쳐얼 어브미 앤 댓 비얼딩
Can you take a picture of me and that building?

알아 두면 편리한 카메라 관련 영어 명칭

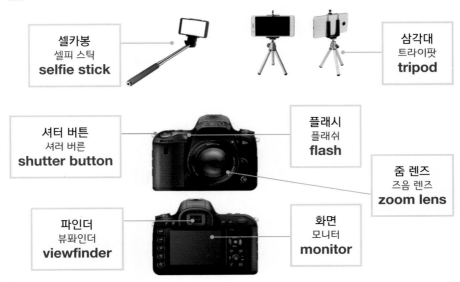

셀카봉
셀피 스틱
selfie stick

삼각대
트라이팟
tripod

셔터 버튼
셔러 버른
shutter button

플래시
플래쉬
flash

줌 렌즈
즈음 렌즈
zoom lens

파인더
뷰파인더
viewfinder

화면
모니터
monitor

관광

3 박물관과 공연

박물관이나 전시회에 가면 한국어 음성 안내기가 비치되어 있는 경우도 있어요. 또 학생이나 연장자들을 위해서 할인해 주는 곳도 많으니 꼼꼼히 확인하세요.

🌐 빨리 단어로 말해요!

단어 바로 듣기

1
박물관
뮤지엄
museum

2
입구
엔트뤈스
entrance

3
한국어 음성 안내기
커리언 오우디오 가이드
Korean audio guide

4
안내 책자
브로슈어
brochure

5
학생 할인
스뚜던 디스카운트
student discount

6
연장자 할인
씨니얼 디스카운트
senior discount

7
티켓 가격
티킷 프라이스
ticket price

8
(공연이) 시작되다
스따알트
start

9
(공연이) 끝나다
퓌니쉬
finish

10
(문을) 여는
오픈
open

11
(문을) 닫는
클로우즈드
closed

12
다음 공연
넥스트 쇼우
next show

간단히 문장으로 말해요!

1 박물관은 어느 쪽에 있어요?

위치웨이 이즈 더 뮤지엄
Which way is the museum?

2 입구가 어디예요?

웨얼이즈 디 엔트뤈스
Where is the entrance?

> **➕ 추가 표현**
>
> 출구는 어디예요?
> 웨얼 이즈 디 엑씻
> Where is the exit?
>
> 화장실이 어디예요?
> 웨얼 이즈 더 뤠스트룸
> Where is the restroom?

3 한국어 음성 안내기가 있나요?

이즈데얼 어 커리언 오우디오 가이드
Is there a Korean audio guide?

4 안내 책자가 있나요?

이즈데얼 어 브로슈어
Is there a brochure?

5 학생 할인이 있나요?

두유 햅 애니 스뚜던 디스카운트
Do you have any student discount?

> **Tip** 두유 햅 애니(Do you have any) ~? :
> (어떤 거라도) ~있어요?

6 연장자 할인이 있나요?

두유 햅 애니 씨니얼 디스카운트
Do you have any senior discount?

관광

간단히 문장으로 말해요!

문장 바로 듣기

7 티켓 가격이 어떻게 돼요?

왓츠 더 티킷 프롸이스
What's the ticket price?

＋ 추가 표현

온라인으로 예약했어요.
아이 북트 언라인
I booked online.

어른 두 명이요.
투 애덜트 티킷츠 플리즈
Two adult tickets, please.

아이 두 명이요.
투 칠드런 티킷츠 플리즈
Two children tickets, please.

8 몇 시에 공연이 시작되죠?

왓타임 더즈 더 쇼우 스따알트
What time does the show start?

9 몇 시에 공연이 끝나죠?

왓타임 더즈 더 쇼우 퓌니쉬
What time does the show finish?

10 몇 시에 문을 열죠?

왓타임 이즈 더 도얼 오픈
What time is the door open?

11 몇 시에 문을 닫죠?

왓타임 이즈 더 도얼 클로우즈드
What time is the door closed?

12 다음 공연은 몇 시에 있어요?

왓타임 이즈 더 넥스트 쇼우
What time is the next show?

추가 표현이 필요한 순간!

추가 표현 바로 듣기

인기 있는 공연은 금세 매진이 되지요? 표가 있는지 확인해 볼까요?

✓ 남은 티켓있어요?

두유 햅 티킷츠 레프트
Do you have tickets left?

✓ 오늘 밤 공연은 매진되었어요.
직원이 대답합니다. 🎧

투나잇츠 쇼우 이즈 솔다웃
Tonight's show is sold out.

🪧 여행지에서 즐길 수 있는 예술 작품과 공연

─── 박물관 **Museum** ───

조각품
스커얼업쳐
sculpture

그림
패인팅
painting

도자기
파터리
pottery

부조
릴리보
relievo

─── 공연 **Show** ───

뮤지컬
뮤지컬
musical

오페라
아페라
opera

대중 음악 공연
팝 뮤직 칸설트
pop music concert

클래식 음악 공연
클래시컬 뮤직 칸설트
classical music concert

댄스 공연
땐스 펄풔먼스
dance performance

관광

4 야외 스포츠

자연을 만끽하며 다양한 야외 스포츠를 즐기는 것은 상상만 해도 신나는데요. 야외 스 포츠를 즐기기 위해서는 여행사를 찾아가거나 관광 안내소에 문의하세요. 현지에서 장 비 대여가 필요한 경우가 많기 때문에 장비들의 이름은 알아 두면 좋아요.

빨리 단어로 말해요!

단어 바로 듣기

1
대여하는 곳
렌털 애어리어
rental area

2
스노쿨링 장비
스노올클링 이큅먼트
snorkeling equipment

3
스쿠버다이빙 장비
스쿠버 다이빙 이큅먼트
scuba diving equipment

4
오리발
플리퍼얼즈
flippers

5
스키 장비
스키이 이큅먼트
ski equipment

6
스노우보드 부츠
스노우보올드 부츠
snowboard boots

7
몇 사이즈
왓싸이즈
what size

8
사이즈 7
싸이즈 쎄븐
size 7

9
사이즈 8.5
싸이즈 에잇 포인트 퐈이브
size 8.5

10
잘 맞다
퓟 웨엘
fit well

11
나한테 큰
빅 포얼 미
big for me

12
나한테 작은
스모올 포얼 미
small for me

간단히 문장으로 말해요!

문장 바로 듣기

1 대여하는 곳이 어디죠?

웨얼즈 더 뤤털 애어리어

Where's the rental area?

---

2 스노클링 장비를 대여하고 싶어요.

아이드 라잌투 뤤트 썸 스노올클링 이큅먼트

I'd like to rent some snorkeling equipment.

> Tip 아이드 라잌투 뤤트 썸(I'd like to rent some) ~: ~를 대여하고 싶어요

---

3 스쿠버다이빙 장비를 대여하고 싶어요.

아이드 라잌투 뤤트 썸 스쿠버 다이빙 이큅먼트

I'd like to rent some scuba diving equipment.

---

4 오리발을 대여하고 싶어요.

아이드 라잌투 뤤트 썸 플리퍼얼즈

I'd like to rent some flippers.

---

5 스키 장비를 빌릴 수 있을까요?

캔아이 바뤄우 썸 스키이 이큅먼트

Can I borrow some ski equipment?

---

6 스노우보드 부츠를 빌릴 수 있을까요?

캔아이 바뤄우 썸 스노우보올드 부츠

Can I borrow some snowboard boots?

> Tip 캔 아이 바뤄우 썸(Can I borrow some) ~: ~를 빌릴 수 있을까요?

간단히 문장으로 말해요!

문장 바로 듣기

7 사이즈가 어떻게 되세요? 직원이 물어봅니다.

왓싸이즈 알 유
What size are you?

---

8 7이에요.

아이앰 싸이즈 쎄븐
I am size 7.

---

9 8.5예요.

아이앰 싸이즈 에잇 포인트 퐈이브
I am size 8.5.

---

10 잘 맞네요.

데이 퓟 웨엘
They fit well.

---

11 나한테 커요.

데이알 빅 포얼 미
They are big for me.

---

12 나한테 작아요.

데이알 스모얼 포얼 미
They are small for me.

---

176 착! 붙는 여행영어

🧭 추가 표현이 필요한 순간!

그 밖에 다른 활동들을 하고 싶을 때 할 수 있는 말을 알아볼까요?

✅ 가벼운 등산을 하고 싶어요.

아이드 라잌 투 고 하이킹
I'd like to go hiking.

✅ 사이클을 타고 싶어요.

아이드 라잌 투 고 싸이클링
I'd like to go cycling.

✅ 골프 치는 데가 어디예요?

웨얼이즈 더 고올프 코올스
Where is the golf course?

✅ 승마하는 데가 어디예요?

웨얼이즈 더 호올스 라이딩
Where is the horse riding?

🪧 다양한 야외 스포츠 장비

스윔 슛
swim suit

라이프 부우이
life buoy

썬글래시즈
sunglasses

썬크리임
suncream

라이프 재킷
life jacket

스위밍 가글즈
swimming goggles

윈드써얼핑 보올드
windsurfing board

스노우보올드
snowboard

섭보오드
surfboard

5 놀이공원

여러 나라에 있는 디즈니랜드나 유니버설 스튜디오 같은 놀이공원에 가보는 것도 정말 신나는 일입니다. 미리 예약을 하고 가면 오랫동안 줄 서서 티켓을 사는 번거로움을 피할 수 있어요. 요즘엔 한국어로도 예약할 수 있어서 큰 어려움이 없을 거예요.

 빨리 단어로 말해요!

단어 바로 듣기

1
온라인으로 티켓을 예매하다
뤼졀브 마이 티킷 온라인
reserve my ticket online

2
자유 이용권
프뤼 패스
free pass

3
인기 있는 놀이 기구
파퓰러 어트뤡션
popular attraction

4
~의 줄
라인 포얼
line for

5
퍼레이드
퍼뤠이드
parade

6
불꽃놀이
퐈이얼웍스
fireworks

7
~을 타다
롸이드 언
ride on

8
기념품 가게
수베니얼샵
souvenir shop

9
분실물 보관소
로스트 앤 퐈운드
lost and found

10
기구가 멈추다
롸이드 스땁스
ride stops

11
고소 공포증
퓌얼 업 하이츠
fear of heights

12
안전바
세잎티 바아
safety bar

간단히 문장으로 말해요!

문장 바로 듣기

1 온라인으로 티켓을 예약했어요.

아이 뤼졀브드 마이 티킷 온라인
I reserved my ticket online.

2 자유 이용권 하나 주세요.

플리즈 깁미 어 프뤼 패스
Please give me a free pass.

3 가장 인기 있는 놀이 기구가 뭐예요?

왓츠 더 모스트 파퓰러 어트뤡션
What's the most popular attraction?

4 여기가 롤러코스터 줄이에요?

이즈디스 더 라인 포얼 더 로울러 코스터얼
Is this the line for the roller coaster?

> **Tip** 이즈 디스 더 라인 포얼
> (Is this the line for) ~?
> : 여기가 ~줄이에요?

5 퍼레이드는 언제 시작하나요?

웬윌 더 퍼뤠이드 스따알트
When will the parade start?

6 오늘밤 불꽃놀이 쇼가 있나요?

이즈데얼 어 파이얼웍스 쇼우 투나잇
Is there a fireworks show tonight?

관광

간단히 문장으로 말해요!

7 관람차 타자.

렛츠 롸이드 언 더 풰리스 위얼

Let's ride on the Ferris wheel.

> **Tip** 렛츠 롸이드 언(Let's ride on) ~
> = 렛츠 고우 언(Let's go on): ~ 타자

---

8 기념품 가게는 어디에 있어요?

웨얼이즈 어 수베니얼샵

Where is a souvenir shop?

---

9 분실물 보관소는 어디에 있어요?

웨얼이즈 더 로스트 앤 파운드

Where is the lost and found?

> **Tip** 사람을 잃어 버린 경우도
> lost and found에 찾아갑니다.

---

10 기구가 멈출 때까지 기다리세요. 직원이 안내합니다.

웨잇 언티얼 더 롸이드 스땁스

Wait until the ride stops.

---

11 저 고소 공포증 있어요.

아이 해버 퓌얼 업 하이츠

I have a fear of heights.

---

12 안전바를 내리세요. 직원이 안내합니다.

푸얼 다운 더 세잎티 바아

Pull down the safety bar.

각종 놀이기구를 재미있게 이용하기 위해서는 안내 문구가 무슨 뜻인지도 알아두면 좋겠죠?

You must be at least this tall to ride.
탑승을 위해서는 적어도 키가 이 정도는 되야 합니다.

Closed for Refurbishment
점검 중

Please purchase a ticket from the ticket booth.
티켓 부스에서 티켓을 구매하시기 바랍니다.

놀이 기구 명칭

범퍼카
범퍼얼카
bumper car

회전 그네
스윙 라이드
swing ride

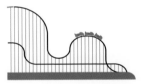

롤러코스터
로울러코스터얼
roller coaster

귀신의 집
혼티드 맨션
haunted mansion

관람차
풰리스 위얼
Ferris wheel

회전목마
메뤼 고우 라운드
merry-go-round

관광

📍 관광지 명칭 총정리

1. 자연

온천	해변	국립 공원	호수
핫 스프링	비이취	내셔널 파악	레이익
hot spring	**beach**	**national park**	**lake**

식물원	강	바다	골짜기	산
보타닉 가아든	뤼벌	씨이	봬얼리	마운튼
botanic garden	**river**	**sea**	**valley**	**mountain**

2. 역사적인 건물

궁전	성	성당
팰리스	캐슬	커씨더럴
palace	**castle**	**cathedral**

사원, 절	교회	탑
템프얼	처얼치	타우월
temple	**church**	**tower**

3. 문화 장소

기념비
마뉴먼트
monument

극장 (연극 등)
띠어러 / 씨네마
theater(미국) **/ cinema**(영국)

축제
풰스티벌
festival

전시회
갤러리
gallery

미술관
아알트 뮤지엄
art museum

영화관
무비 띠어러
movie theater

4. 스포츠 관람

아이스하키
아이스 하키
ice hockey

축구
싸커 / 풋볼
soccer(미국) **/ foot ball**(영국)

골프
고올프
golf

야구
배이스 보올
baseball

농구
바스킷 보올
basketball

테니스
테니스
tennis

PART 8
귀국

1 공항 찾아가기

2 체크인

3 출국장 들어가기

4 면세점

5 비행기 탑승

싱가포르 마리나베이 가든스 바이 더 베이

1 공항 찾아가기

이제 귀국하러 공항으로 갑니다. 이때 자신이 끊은 티켓의 항공사와 터미널을 확인해야 돼요. 그러고 나서 항공사 카운터를 찾아야 합니다. 항공사 카운터의 위치는 전광판을 확인하거나 안내 데스크에 물어 보세요.

 빨리 단어로 말해요!

단어 바로 듣기

1

얼마나 오래
하우 롱
How long

2

공항
애얼포올트
airport

3

공항 셔틀 버스
애얼포올트 셔를
airport shuttle

4

대한항공을 이용하다
플라이 언 커리언 에얼
fly on Korean Air

🔊 fly on Korean Air / fly on Emirate

5

어느 터미널
위춰 털미널
which terminal

6

1 터미널
털미널 원
Terminal 1

✈ Terminal 1

7

잘못된 터미널
륑 털미널
wrong terminal

8

2 터미널
털미널 투
Terminal 2

9

대한항공 카운터
커리언 에얼 카운털
Korean Air counter

🔊 Korean Air counter / Emirate counter

10

저기
오버 데얼
over there

11

여기
히얼
here

12

맞다
롸잇
right

간단히 문장으로 말해요!

문장 바로 듣기

1 공항 가는 데 얼마나 오래 걸려요?

하우롱 더즈 잇 태익 투 겟투 디 애얼포올트

How long does it take to get to the airport?

---

2 공항 가나요? 버스 기사에게

두유 고 투 디 애얼포올트

Do you go to the airport?

➕ 추가 표현
공항이요.(택시 기사에게)
애어포올트 플리즈
Airport, please.

---

3 공항 셔틀 버스 있어요? 호텔에서

두유 햅 디 애얼포올트 셔를

Do you have the airport shuttle?

---

4 대한항공을 타려고 하는데요.

암 플라잉 언 커리언 에얼

I'm flying on Korean Air.

---

5 어느 터미널로 가야 해요?

위춰 털미널 슈라이 고우 투

Which terminal should I go to?

귀국

---

6 제 1 터미널이 어디예요?

웨얼이즈 털미널 원

Where is Terminal 1?

간단히 문장으로 말해요!

문장 바로 듣기

---

7 터미널에 잘못 왔어요.

암 인더 뤙 털미널

I'm in the wrong terminal.

---

8 제 2 터미널로 어떻게 가지요?

하우 캔아이 겟 투 털미널 투

How can I get to Terminal 2?

> **Tip** 하우 캔아이 겟투(How can I get to) ~?: ~에 어떻게 가지요?

---

9 대한항공 카운터가 어디예요?

웨얼이즈 더 커리언 에얼 카운털

Where is the Korean Air counter?

---

10 저기 카운터 C로 가세요. 직원이 대답합니다.

오버 데얼 카운털 씨이

Over there, counter C.

---

11 여기가 대한항공 카운터예요?

이즈히얼 커리언 에얼 카운털

Is here Korean Air counter?

---

12 네, 맞아요. 직원이 대답합니다.

예스 롸잇

Yes, right.

추가 표현이 필요한 순간!

추가 표현 바로 듣기

출발 날짜를 바꾸고 싶을 때는 이렇게 하세요.

✓ 제 예약 번호는 TS 2273입니다.

마이 뤠절배이션 넘벌 이즈 티에스 투투세븐뜨뤼
My reservation number is TS 2273.

✓ 6월 7일로 바꾸고 싶어요.

아이드 라잌 투 췌인지 잇 투 쥬은 세븐쓰
I'd like to change it to June 7th.

공항에서 볼 수 있는 다양한 영문 표지판들

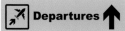

출발

게이트

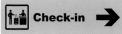

체크인

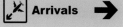

도착

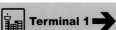

터미널

자동 체크인

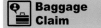

수하물 찾는 곳

분실물 취급소

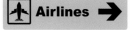

항공사

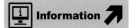

안내

Food Court

식당

Currency Exchange

환전

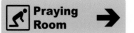

기도실

수유실

전화

귀국

이제 항공사 카운터에 가서 체크인을 합니다. 인터넷으로 티켓을 구입했으면 전자 항공권(이티켓)을 출력할 수 있어요. 체크인 카운터에서 출력한 항공권과 여권을 제출하고 탑승권을 받은 후 짐을 붙이게 됩니다.

빨리 단어로 말해요!

단어 바로 듣기

1
체크인
쉐크인
check in

2
여권과 티켓
패스포올트 앤 티킷
passport and ticket

3
물론이죠
슈얼
sure

4
창가 자리
윈도우 씻
window seat

창가 자리   복도 자리

5
복도 자리
아이얼 씻
aisle seat

6
비상구 자리
엑싯 씻
exit seat

7
가방이 몇 개
하우매니 백스
how many bags

8
이거 하나
디스원
this one

9
들고 갈 가방
핸드 배기쥐
hand baggage

기내에 허용하는 가방 무게는 보통 10kg

10
놓다
풋
put

11
무게 초과
오우벌웨잇
overweight

12
이것을 가지고 가다
태잌 디스
take this

간단히 문장으로 말해요!

문장 바로 듣기

1 체크인해 주세요.

쉐크인 플리즈

Check in, please.

---

2 여권과 티켓을 볼 수 있을까요? 직원이 요청합니다.

매아이 씨 유얼 패스포올트 앤 티킷

May I see your passport and ticket?

---

3 물론이죠.

슈얼

Sure.

---

4 창가 자리 주세요.

윈도우 씻 플리즈

Window seat, please.

> **Tip** 승무원의 질문:
> 창가로 드릴까요, 복도로 드릴까요?
> '우쥬 라이커 윈도우 씻 오열언 아이얼 씻
> (Would you like a window seat
> or an aisle seat)?'

---

5 복도 자리 주세요.

아이얼 씻 플리즈

Aisle seat, please.

---

6 비상구 자리 받을 수 있어요?

매아이 해번 엑싯 씻

May I have an exit seat?

귀국

간단히 문장으로 말해요!

7 가방 몇 개 부치실 건가요? 직원이 물어봅니다. 🎧

하우매니 백스 우쥬 라잌투 췌크
How many bags would you like to check?

---

8 이거 하나예요.

저스트 디스 원
Just this one.

> **Tip** 맡기는 짐의 개수와 무게는 비행기
> 및 티켓의 등급에 따라 다릅니다.

---

9 이건 들고 갈 가방이에요.

디스 이즈 마이 핸드 배기쥐
This is my hand baggage.

> **+ 추가 표현**
> 기내에 들고 타는 짐
> 핸 배기쥐(hand baggage)
> = 캐리언 배기쥐(carry-on baggage)

---

10 여기에 짐을 올리세요. 직원이 안내합니다. 🎧

플리즈 풋 유얼 배기쥐 히얼
Please put your baggage here.

---

11 무게 초과인가요?

이즈잇 오우벌웨잇
Is it overweight?

---

12 이거 비행기에 들고 탈 수 있어요?

캔아이 태잌 디스 온 더 플래인
Can I take this on the plane?

추가 표현이 필요한 순간!

추가 표현 바로 듣기

비행기 좌석 등급을 자신의 마일리지로 올릴 수 있는지 물어 볼까요?

✓ 제 마일리지로 업그레이드 할 수 있나요?

캔아이 유즈 마이 마일즈 투 업그래이드
Can I use my miles to upgrade?

✓ 네, 비즈니스 클래스로 업그레이드 가능합니다. 직원이 대답합니다.

예스 잇츠 파서블 투 업그래이드 투 비즈니스 클래스
Yes, it's possible to upgrade to business-class.

키오스크 체크인(셀프 체크인) 이용 방법

1 홈 화면에서 이용할 항공사 선택

2 위험물 운송에 관한 약관을 읽고 동의(I Agree)

3 여권을 스캔하거나 전자항공권 번호를 입력하는 방식으로 예약 내역 불러오기

4 예약 내역이 표시되면 여권 스캔

5 좌석 선택 후 최종 예약 내역 확인

6 체크인할 수하물이 있다면 Baggage to Check In을 선택

7 탑승권과 수하물표를 출력 후 해당 항공사의 체크인 카운터에서 수하물 위탁

귀국

3 출국장 들어가기

출국장 입구에서 여권과 티켓을 검사한 후, 안으로 들어가서 보안 검색을 받습니다. 보안 검색을 받을 때는 가지고 있는 짐과 금속류가 들어간 것(벨트, 휴대전화), 신발, 노트북(laptop computer) 등을 바구니에 담아 컨베이어 벨트 위에 올려 놓으세요.

빨리 단어로 말해요!

단어 바로 듣기

1

출국 출입문
디파알쳐 개잇
departure gate

2

줄 서다
라인 업
line up

3

놓다
플래이스
place

4

주머니
파킷
pocket

5

벗다, 풀다
태이컷프
take off

6

벨트
베얼트
belt

7

탐지기
디텍털
detector

8

벌리다
스프레드
spread

9

열다
오우픈
open

10

액체
리쿼드
liquid

11

꺼내다
태익 아웃
take out

12

버리다
뜨로우 아웃
throw out

간단히 문장으로 말해요!

1 출국 출입문이 어디예요?

웨얼이즈 더 디파알쳐 개잇

Where is the departure gate?

Departures

---

2 줄 서세요. 직원이 안내합니다.

라인업 플리즈

Line up, please.

---

3 가방을 여기 올려 놓으세요. 직원이 안내합니다.

플래이스 유얼 백 히얼

Place your bag here.

> Tip 플래이스(place) 대신 풋(put)을 쓸 수 있어요.

---

4 주머니를 비우세요. 직원이 요청합니다.

엠티 유얼 파킷스

Empty your pockets.

---

5 신발을 벗으세요. 직원이 요청합니다.

테이컷프 유얼 슈즈

Take off your shoes.

---

6 벨트를 푸세요. 직원이 요청합니다.

테이컷프 유얼 베얼트

Take off your belt.

귀국

간단히 문장으로 말해요!

7 탐지기를 통과하세요. 직원이 안내합니다. 🔊

월 뜨루 더 디텍털

Walk through the detector.

---

8 양팔을 벌려 주세요. 직원이 요청합니다. 🔊

스프레드 유얼 암즈

Spread your arms.

---

9 가방을 열어 주세요. 직원이 요청합니다. 🔊

플리즈 오우픈 유얼 백

Please open your bag.

---

10 액체류는 모두 없애 주세요. 직원이 요청합니다. 🔊

플리즈 리무브 올 리퀴즈

Please remove all liquids.

---

11 꺼내야 하나요?

슈라이 태이킷 아웃

Should I take it out?

> **Tip** 슈라이(Should I) ~?: ~해야 하나요?

---

12 버려야 하나요?

슈라이 뜨로잇 아웃

Should I throw it out?

추가 표현이 필요한 순간! 추가 표현 바로 듣기

보안 검색 과정에서 무언가 문제가 생겼을 때 사용하는 표현도 알아 볼까요?

✅ **문제가 있습니까?**

이즈 데얼 어 프라블름
Is there a problem?

- -

✅ **이제 가도 되나요?**

매아이 고우 나우
May I go now?

- -

✅ **저를 따라오시겠어요?**
직원이 안내합니다.

윌유 컴 윗미?
Will you come with me?

🪧 기내 반입 금지 물품

여행 후 두 손 가득 쇼핑을 즐겨서 짐이 많아졌다면 기내 반입 금지 물품을 한번 더 확인해서 짐을 효율적으로 정리해 보세요!

* 물, 음료, 식품, 화장품 등의 액체와, 분무(스프레이), 겔류(젤 또는 크림)로 된 물품은 100㎖이하 개별 용기에 담아 1인당 1ℓ 투명 비닐 지퍼팩 1개에 한해 반입 가능

해외 여행을 준비하는 과정에서 교통안전공단의 「기내반입 금지물품 검색서비스」(인터넷 주소 : avsec.ts2020.kr)를 이용하면 승객이 금지 물품 여부를 직접 확인할 수 있고, 짐을 싸는 단계부터 스스로 금지 물품을 걸러 낼 수 있어 보안 검색 과정에서 적발로 인한 불편을 피할 수 있어요.

4 면세점

이제 즐거운 여행을 마치면서 면세품 쇼핑을 하게 되었어요. 현지 화폐가 남았다면 유용하게 사용할 수 있답니다. 물건을 살 때는 구매 한도도 잘 살펴보세요!

빨리 단어로 말해요!

단어 바로 듣기

1
면세점
듀리 프뤼 샵
duty-free shop

2
추천하다
뤠커멘드
recommend

3
구매 한도
펄쳐스 리밋
purchase limit

4
몇 병
하우매니 바를즈
how many bottles

5
~까지
업투
up to

6
쿠폰
쿠우폰
coupon

7
미국산
메이드 인 어메뤼까
made in America

8
담배 두 상자
투 카알톤즈 어브 씨가렛츠
two cartons of cigarettes

9
향수
퍼얼퓨움
perfume

10
샘플
쌤플
sample

11
피부 유형
스낀 타입
skin type

12
여권과 탑승권
패스포올트 앤 보올딩 패스
passport and boarding pass

간단히 문장으로 말해요!

1 면세점이 어디에 있어요?

웨얼알 더 듀리 프뤼 샵스
Where are the duty free shops?

---

2 기념품으로 무엇을 추천해 주시겠어요?

왓두유 뤠커멘드 포얼 어 수베니얼
What do you recommend for a souvenir?

---

3 구매 한도가 어떻게 되나요?

왓이즈 더 펄쳐스 리밋
What is the purchase limit?

---

4 몇 병까지 살 수 있나요?

하우매니 바를스 캔 아이 바이
How many bottles can I buy?

---

5 두 병까지 살 수 있어요. 직원이 안내합니다. 🎧

유캔 바이 업투 투 바를즈
You can buy up to two bottles.

귀국

---

6 저 쿠폰 있어요.

아 해버 쿠우폰
I have a coupon.

간단히 문장으로 말해요!

 문장 바로 듣기

7 이거 미국산인가요?

알디이즈 매이드 인 어메뤼까
Are these made in America?

---

8 담배 두 상자 살게요.

아이드 라잌 투 카알톤즈 어브 씨가렛츠
I'd like two cartons of cigarettes.

---

9 가장 잘 팔리는 향수가 뭐예요?

왓츠 유얼 베스트 쎌링 퍼얼퓨움
What's your best-selling perfume?

---

10 테스트할 샘플이 있나요?

두유 해앱 쌤플즈 포얼 테스팅
Do you have samples for testing?

---

11 피부 유형이 어떤가요? 직원이 물어봅니다.

왓츠 유얼 스낀 타입
What's your skin type?

+ 추가 표현
· 건성: 드라이(dry)
· 중성: 노오말(normal)
· 민감성: 쎈스티브(sensitive)
· 복합성: 컴비네이션(combination)

---

12 여권과 탑승권을 보여주세요. 직원이 요청합니다.

패스포올트 앤 보올딩 패스 플리즈
Passport and boarding pass, please.

Tip 면세점에서 계산 시 여권과 탑승권을 요구해요.

추가 표현이 필요한 순간!

추가 표현 바로 듣기

면세점에서 계산할 때 현지 화폐가 아닌 다른 화폐를 가지고 있으면 어떻게 말해야 할까요?

✓ 다른 화폐도 사용할 수 있나요?

캔아이 유저 디풔런트 커뤈씨
Can I use a different currency?

✓ 그거 달러로는 얼마죠?

하우머취 이즈 댓 인 유에스 다알러즈
How much is that in US dollars?

면세점에서 많이 구매하는 물품 리스트

향수
펄퓨움
perfume

수분 크림
모이스춰 크림
moisture cream

아이섀도
아이쉐도우
eye shadow

마스카라
매스카롸
mascara

립스틱
립스틱
lipstick

립글로스
립그로스
lip gloss

파운데이션
퐈운대이션
foundation

콤팩트 파우더
컴팩트 파우더
compact powder

세안제
클랜져
cleanser

손목 시계
왓취
watch

선글라스
썬글래시스
sunglasses

지갑
월렛
wallet

위스키
위스키
whisky

담배
시가렡
cigarette

초콜릿
촤클릿
chocolate

귀국

비행기 탑승

이제 탑승구(탑승 게이트)를 찾아가서 귀국 비행기를 타는 일만 남았어요. 그런데 탑승 게이트가 변경되는 경우도 있으니 주의할 필요가 있습니다. 또한 항공 시간이 지연되는 경우도 있는데 방송으로 지연 사유와 지연되는 시간을 알려 줍니다.

 빨리 단어로 말해요!

단어 바로 듣기

1

맞는 탑승구
라잇 개잇
right gate

2

변경된
췌인지드
changed

3

새로운 탑승구
뉴 보올딩 개잇
new boarding gate

4

표지판
싸인
sign

5

시작하다
비긴
begin

6

연착된
딜래이드
delayed

7

이륙
태익어프
take-off

8

날씨 상황
웨덜 컨디션즈
weather conditions

9

정비 문제
매인터넌스 프라블럼
maintenance problem

10

얼마나 오래
하우롱
how long

11

2시간 후에
인 투 아월즈
in 2 hours

12

시작하다
스따알트
start

간단히 문장으로 말해요!

문장 바로 듣기

1 여기가 인천행 탑승구 맞나요?

이즈디스 더 롸잇 개잇 포얼 고잉 투 인천
Is this the right gate for going to Incheon?

---

2 탑승구가 변경되었습니다. 직원이 안내합니다. 🔊

더 개잇 해즈빈 췌인지드
The gate has been changed.

---

3 새로운 탑승구가 어디에 있어요?

웨얼이즈 더 뉴 보올딩 개잇
Where is the new boarding gate?

---

4 5번 탑승구 표지판을 따라가세요. 직원이 안내합니다. 🔊

팔로우 더 싸인즈 포얼 개잇 퐈이브
Follow the signs for Gate 5.

---

5 탑승은 언제부터 시작하나요?

웬더즈 보올딩 비긴
When does boarding begin?

---

6 손님 비행기는 연착되었습니다. 직원이 안내합니다. 🔊

유얼 플라잇 이즈 딜래이드
Your flight is delayed.

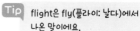
Tip flight은 fly(플라이: 날다)에서 나온 말이에요.

간단히 문장으로 말해요!

7 이륙이 왜 지연되고 있나요?

왓츠 딜레잉 더 태익어프
What's delaying the take-off?

---

8 날씨 상황 때문에 지연되고 있습니다. 직원이 안내합니다.

더 플라잇 해즈빈 딜레잇 듀우 투 웨덜 컨디션즈
The flight has been delayed due to weather conditions.

> **Tip** 듀투(due to)~: ~ 때문에

---

9 정비 문제 때문에 지연되고 있습니다. 직원이 안내합니다.

더 플라잇 해즈빈 딜래이드 듀투 어 매인터넌스 프라블럼
The flight has been delayed due to a maintenance problem.

---

10 얼마나 오래 지연될까요?

하우롱 윌 잇 비 딜래이드
How long will it be delayed?

---

11 탑승은 두 시간 후에 시작됩니다. 직원이 안내합니다.

보올딩 비긴즈 인 투 아월즈
Boarding begins in two hours.

---

12 지금부터 탑승 수속을 시작하겠습니다. 직원이 안내합니다.

위윌 스따알트 보올딩 나우
We will start boarding now.

추가 표현이 필요한 순간!

추가 표현 바로 듣기

공항에서 나오는 방송을 잘 듣고 혹시라도 탑승 시간을 놓치는 일이 없도록 주의하세요!

✓ 안내 말씀 드리겠습니다.

매아이 햅 유얼 어텐션 플리즈
May I have your attention, please?

✓ 곧 5번 탑승구에서 탑승을 시작하겠습니다.

더 플라잇 윌 비긴 보올딩 숄틀리 앳 개잇 파이브
The flight will begin boarding shortly at Gate 5.

🪧 출국 안내 표지판

항공편 번호 / 목적지 / 경유지 / 체크인 카운터 / 탑승구 / 시간 / 참고사항 / 탑승 중 / 연착

Time Zeit	Flight Flug	Destination Nach	Via Über	Check-In Check-In	Gate Gate	Remarks Bemerkung
✳ 10:35	RE 1355	NEW YORK JFK	COPENHAGEN	9-12	34	GATE OPEN
✳ 10:45	AG 6154	LONDON HEATH		3-8	18	GATE OPEN
✳ 11:05	CX 4971	PARIS COG		14-19	9	GATE OPEN
✳ 11:15	BI 1138	STOCKHOLM		2	17	BOARDING
✳ 11:30	FI 2097	HELSINKI		21-27	21	ON TIME
11:45	KL 4563	FRANKFURT		3-6	34	ON TIME
11:55	DF 7206	LISBON		15	7	DELAYED
12:10	IC 9014	AMSTERDAM		16-18	5	EST 12:20
12:25	EK 4626	TOKYO	SHANGHAI	28-31	15	ON TIME
✗ 12:40	UD 1740	HONG KONG	ISTANBUL	4-10	18	CANCELLED
12:55	ST 9544	LOS ANGELES		17-21	4	ON TIME
13:10	KB 3309	SINGAPORE	BANGKOK	23-25	27	DELAYED
13:25	LR 5762	BRUSSELS		7-10	19	ON TIME
13:40	VL 6239	MUNICH		12-14	3	ON TIME

Terminal A2   Departures   ✈ 24 AUG 10:08

귀국

👀 Travel Note ✨

-
-
-
-
-
-
-
-
-
-

👀 Travel Note ✦

-
-
-
-
-
-
-
-
-
-

착! 붙는
여행영어

초판 발행	2019년 6월 20일
초판 3쇄	2022년 10월 31일

저자	한동오
책임 편집	이효리, 장은혜, 김효은, 양승주
펴낸이	엄태상
표지 디자인	권진희
내지 디자인	진지화
조판	박진영
마케팅	이승욱, 오원택, 전한나, 왕성석
온라인 마케팅	김마선, 김제이, 유근혜
콘텐츠 제작	김선웅, 최재웅
경영기획	마정인, 조성근, 박현숙, 김예원, 전태준, 오희연
물류	유종선, 정종진, 최진희, 윤덕현

펴낸곳	랭기지플러스
주소	서울시 종로구 자하문로 300 시사빌딩
주문 및 교재문의	1588-1582
팩스	(02)3671-0500
홈페이지	http://www.sisabooks.com
이메일	book_english@sisadream.com
등록일자	2000년 8월 17일
등록번호	제1-2718호

ISBN 978-89-5518-996-4 (13740)

Travel English

랭기지플러스

Travel Note

(여행 준비물 체크 리스트) ·········· 2~3 p

(여행 계획표) ·········· 4~17 p

(어디서나 써먹는 왕기초 표현 1) ·········· 18~19 p

(어디서나 써먹는 왕기초 표현 2) ·········· 20~21 p

(최소한의 여행영어) ·········· 22~53 p

(Travel Note) ·········· 54~60 p

여행 준비물 체크 리스트

- [ ] 여권
- [ ] 여권 사본
- [ ] 여권 사진 2매
- [ ] 신분증
- [ ] 신분증 사본
- [ ] 항공권
- [ ] 숙소 바우처
- [ ] 여행 정보 서적
- [ ] 여행 일정표
- [ ] 메모장
- [ ] 필기구
- [ ] 여행자 보험 가입
- [ ] 예방 접종 영문 증명서
- [ ] 신용카드(해외 사용 가능)
- [ ] 현지 화폐
- [ ] 지갑
- [ ] 동전 지갑

- [ ] 휴대폰
- [ ] 휴대폰 충전기
- [ ] 보조 배터리
- [ ] 만능어댑터_멀티탭
- [ ] 셀카봉
- [ ] 포켓 와이파이
- [ ] 현지 통신사 유심
- [ ] 앱1_구글맵(Google Maps)
- [ ] 앱2_트립어드바이저(TripAdvisor)
- [ ] 앱3_파파고
- [ ] 앱4_해외 안전 여행(외교부)
- [ ] 앱5_JUST TOUCH IT(문체부)
- [ ] 앱6_세이브 트립(SaveTrip)
- [ ] 카메라
- [ ] 삼각대
- [ ] 휴대용 가방
- [ ] 안전 가방

- [ ] 세면도구1_바디워시
- [ ] 세면도구2_샴푸
- [ ] 세면도구3_치약
- [ ] 세면도구4_칫솔
- [ ] 빗
- [ ] 상비약1_해열제
- [ ] 상비약2_진통제
- [ ] 상비약3_소화제
- [ ] 상비약4_소독약
- [ ] 상비약5_연고
- [ ] 상비약6_밴드
- [ ] 여벌 옷
- [ ] 잠옷
- [ ] 속옷
- [ ] 양말
- [ ] 모자
- [ ] 선글라스
- [ ] 운동화
- [ ] 휴대용 물티슈
- [ ] 휴대용 휴지
- [ ] 위생봉지(지퍼백)
- [ ] 접이식 우산
- [ ] 기초 화장품_스킨
- [ ] 기초 화장품_로션
- [ ] 기초 화장품_에센스
- [ ] 기초 화장품_선크림(선블록)
- [ ] 기초 화장품_클렌징 크림
- [ ] 기초 화장품_마스크팩
- [ ] 면도기
- [ ] 면도 크림
- [ ] 면도기 충전기
- [ ] 기타1_안약
- [ ] 기타2_렌즈 세정액
- [ ] 기타3_여분의 안경

여행 계획표

1st DAY 20 년 월 일

항목	시간	✿ 꿀팁!
집에서 출발		비행기 출발 시간을 정확하게 확인하고 여권 만료일도 체크하세요!
인천 공항 도착		비행기 출발 두 시간 전에는 공항에 도착해야 합니다.
현지 공항 도착		입국 심사 후 짐을 찾는 시간을 감안해 공항을 빠져나오기까지 넉넉히 두 시간은 잡아야 해요!
숙소 이동		혹시 모를 상황에 대비해서 숙소 연락처는 출발 전 미리 준비해 두세요.
숙소 도착		
짐 풀기 및 외출		귀중품은 몸에 지니고 다니거나 프런트에 맡기세요!

★ 관광 목적지 1 ★

목적지까지 교통수단	
관광지 버킷 리스트	
관광지 쇼핑 리스트	
지출 예산 및 내역	

★ 관광 목적지 2 ★

목적지까지 교통수단	
관광지 버킷 리스트	
관광지 쇼핑 리스트	
지출 예산 및 내역	

★ 관광 목적지 1 ★

목적지까지 교통수단	
관광지 버킷 리스트	
관광지 쇼핑 리스트	
지출 예산 및 내역	

★ 관광 목적지 2 ★

목적지까지 교통수단	
관광지 버킷 리스트	
관광지 쇼핑 리스트	
지출 예산 및 내역	

★ 관광 목적지 3 ★

목적지까지 교통수단	
관광지 버킷 리스트	
관광지 쇼핑 리스트	
지출 예산 및 내역	

★ 관광 목적지 4 ★

목적지까지 교통수단	
관광지 버킷 리스트	
관광지 쇼핑 리스트	
지출 예산 및 내역	

3rd DAY 20   년   월   일

★ 관광 목적지 1 ★

목적지까지 교통수단	
관광지 버킷 리스트	
관광지 쇼핑 리스트	
지출 예산 및 내역	

★ 관광 목적지 2 ★

목적지까지 교통수단	
관광지 버킷 리스트	
관광지 쇼핑 리스트	
지출 예산 및 내역	

★ 관광 목적지 3 ★

목적지까지 교통수단	
관광지 버킷 리스트	
관광지 쇼핑 리스트	
지출 예산 및 내역	

★ 관광 목적지 4 ★

목적지까지 교통수단	
관광지 버킷 리스트	
관광지 쇼핑 리스트	
지출 예산 및 내역	

9

4th DAY 20   년   월   일

★ 관광 목적지 1 ★

목적지까지 교통수단	
관광지 버킷 리스트	
관광지 쇼핑 리스트	
지출 예산 및 내역	

★ 관광 목적지 2 ★

목적지까지 교통수단	
관광지 버킷 리스트	
관광지 쇼핑 리스트	
지출 예산 및 내역	

10

★ 관광 목적지 3 ★

목적지까지 교통수단	
관광지 버킷 리스트	
관광지 쇼핑 리스트	
지출 예산 및 내역	

★ 관광 목적지 4 ★

목적지까지 교통수단	
관광지 버킷 리스트	
관광지 쇼핑 리스트	
지출 예산 및 내역	

5th DAY 　20　　　년　　　　월　　　　일

★ 관광 목적지 1 ★

목적지까지 교통수단	
관광지 버킷 리스트	
관광지 쇼핑 리스트	
지출 예산 및 내역	

★ 관광 목적지 2 ★

목적지까지 교통수단	
관광지 버킷 리스트	
관광지 쇼핑 리스트	
지출 예산 및 내역	

★ 관광 목적지 3 ★

목적지까지 교통수단	
관광지 버킷 리스트	
관광지 쇼핑 리스트	
지출 예산 및 내역	

★ 관광 목적지 4 ★

목적지까지 교통수단	
관광지 버킷 리스트	
관광지 쇼핑 리스트	
지출 예산 및 내역	

20   년   월   일

★ 관광 목적지 1 ★

목적지까지 교통수단	
관광지 버킷 리스트	
관광지 쇼핑 리스트	
지출 예산 및 내역	

★ 관광 목적지 2 ★

목적지까지 교통수단	
관광지 버킷 리스트	
관광지 쇼핑 리스트	
지출 예산 및 내역	

★ 관광 목적지 3 ★

목적지까지 교통수단	
관광지 버킷 리스트	
관광지 쇼핑 리스트	
지출 예산 및 내역	

★ 관광 목적지 4 ★

목적지까지 교통수단	
관광지 버킷 리스트	
관광지 쇼핑 리스트	
지출 예산 및 내역	

7th DAY　　20　　년　　　　월　　　　일

★ 관광 목적지 1 ★

목적지까지 교통수단	
관광지 버킷 리스트	
관광지 쇼핑 리스트	
지출 예산 및 내역	

★ 관광 목적지 2 ★

목적지까지 교통수단	
관광지 버킷 리스트	
관광지 쇼핑 리스트	
지출 예산 및 내역	

항목	시간	✿ 꿀팁!
체크아웃		체크아웃 시간을 잘 지켜서 추가 비용을 지불하는 일이 없도록 주의하세요!
숙소 출발		비행기 시간이 많이 남았다면 짐을 숙소에 맡기고 관광을 즐기세요. 공항으로 이동하는 시간을 고려해 너무 무리한 스케줄은 잡지 않아야겠죠?
여행지 관광		비행기 시간에 늦지 않도록 신경을 써야 해요.
숙소 도착		숙소에 맡겨 둔 짐을 찾은 후 공항으로 이동하는 교통편을 잘 확인하세요!
공항으로 이동		비행기 출발 날짜와 시간을 다시 한 번 확인하세요!
공항 도착		출국 절차를 고려해 최소 출발 두 시간 전에는 도착해야 한다는 사실 잊지 않았죠?

1 안녕하세요?
헬로 / 하이
Hello. / Hi.

2 안녕하세요?
굿 모올닝 / 굿 애프털눈 / 굿 이브닝
Good morning. / Good afternoon. / Good evening.

3 반가워요.
나이스투 밋츄
Nice to meet you.

4 잘 가요.
굿바이 / 굿나잇
Good bye. / Good night.

5 만나서 반가웠어요.
나이스 씨잉유
Nice seeing you.

6 감사합니다.
땡큐
Thank you.

❼ 좋은 하루 보내세요.

해버 굿대이 / 해버 굿원

Have a good day. / Have a good one.

---

❽ 천만에요.

유얼 웰컴

You're welcome.

---

❾ 죄송해요.

암쏘뤼

I'm sorry.

---

❿ 괜찮아요.

댓츠 오우케이

That's OK.

⓫ 고맙지만 사양할게요.

노 땡쓰

No, thanks.

⓬ 전 괜찮아요.

암굿

I'm good.

1 저기요.

익스큐즈미

Excuse me.

---

2 뭐라고요?

파알든

Pardon?

---

3 이해를 잘 못했어요.

아돈 겟잇

I don't get it.

---

4 전 영어를 잘 못해요.

아이 캔트 스픽 잉글리쉬 웨엘

I can't speak English well.

---

5 무슨 뜻인지 잘 모르겠네요.

아돈 언덜스태앤드

I don't understand.

---

6 잠시만요.

저스트어 모먼트

Just a moment.

7 이게 뭐예요?

왓츠 디스

What's this?

---

8 이거 주세요.

디스원 플리즈

This one, please.

---

9 얼마예요?

하우머취 이즈잇

How much is it?

---

10 계산서 주세요.

첵 플리즈

Check, please.

---

11 여기 있어요.

히얼유아알

Here you are.

---

12 네, 그렇게 해주세요.

예쓰 플리즈

Yes, please.

PART 1
기내

1 좌석 찾기
2 기내식과 간식
3 기내 서비스
4 신고서 작성
5 도움 요청

1. 좌석 찾기

탑승권 보올딩 패스 **boarding pass**	내 자리 마이 씻 **my seat**	이쪽 디스 웨이 **this way**
지나가다 패스 뜨루 **pass through**	공간이 없다 노우 룸 **no room**	짐칸(들) 컴파알트먼츠 **compartments**
자리 밑 언덜 더 씻 **under the seat**	안전벨트 씻 베얼트 **seat belt**	매다 패슨 **fasten**

2. 기내식과 간식

소고기 / 닭고기 비이프 / 취킨 **beef / chicken**	주세요 플리즈 **please**	특별 기내식 스페셜 미얼 **special meal**
물티슈 웻 와잎 **wet wipe**	더 많은 빵 모얼 브뤠드 **more bread**	마치다 퓌니쉬 **finish**
치우다 태잌 어웨이 **take away**	간식 스낵 **snack**	물 한잔 어 글래스 옵 워러 **a glass of water**

3. 기내 서비스

베개 필로우 **pillow**	담요 블랭킷 **blanket**	수면 안대 슬리핑 매스크 **sleeping mask**
헤드폰 헤드포온스 **headphones**	일회용 반창고 밴드 애이드 **band-aid**	신문 뉴스패이펄 **newspaper**
슬리퍼 슬리퍼얼즈 **slippers**	생리대 쌔니터뤼 냅킨 **sanitary napkin**	작동이 안 되는 낫 월킹 **not working**

4. 신고서 작성

입국 신고서 어롸이벌 카알드 **arrival card**	성 풰밀리 내임 **family name**	이름 펄스트 내임 **first name**
생년월일 대잇 옵 버얼쓰 **date of birth**	출생 국가 컨츄리 옵 버얼쓰 **country of birth**	국적 내셔널리티 **nationality**
직업, 직업명 아큐패이션 **occupation**	체류지 주소 어듀레스 인 ○○ **address in ○○**	여권 번호 패스포올트 넘버얼 **passport no.**

5. 도움 요청

감기 코울드 **cold**	열 퓌벌 **fever**	콧물 뤄니 노우즈 **runny nose**
오한 취얼 **chill**	소화불량 인디제스쳔 **indigestion**	배탈 업셋 스토마크 **upset stomach**
어지러운 디지이 **dizzy**	비행기 멀미 에얼씩 **airsick**	토함 바미링 **vomiting**

1 제 자리가 어디죠?

웨얼이즈 마이 씻

Where is my seat?

---

2 방을 놓을 공간이 없어요.

노우 룸 포얼 마이 백

No room for my bag.

---

3 소고기 드실래요? 아니면 치킨 드실래요?

비프 오얼 취킨

Beef or chicken? ▶ '비프 플리즈' 또는 '취킨 플리즈'로 대답

---

4 치워 주세요.

태익 디스 어웨이 플리즈

Take this away, please.

---

5 물 한잔 마실 수 있을까요?

캔아이 해버 글래스 옵 워러

Can I have a glass of water?

---

6 내 헤드폰이 작동이 안 돼요.

마이 헤드포온쓰 아알 낫 월킹

My headphones are not working.

PART 2
입국

1 비행기 환승
2 입국 심사
3 수하물 찾기와 세관 신고
4 환전
5 공항 서비스

1. 비행기 환승

환승 수속대	LA를 경유	환승객
트랜스퍼 카운털	스땁오우벌 인 엘에이	트랜스퍼 패신져
transfer counter	**stopover in L.A.**	**transfer passenger**
게이트, 탑승구	탑승 시간	얼마나 오래
개이트	보올딩 타임	하우 롱
gate	**boarding time**	**how long**
면세점	도시 관광 버스	시내로 가다
듀리프뤼 샵	씨리 투얼 버스	겟 다운타운
duty-free shop	**city tour bus**	**get downtown**

26

2. 입국 심사

목적	관광	얼마나
펄페스	싸잇씽	하우롱
purpose	sightseeing	how long

며칠간	5일	어디에
하우 매니 데이즈	파이브 데이즈	웨얼
how many days	five days	where

호텔	돌아가는 비행기 티켓	첫 번째 방문
호테얼	뤼턴 티킷	펄스트 비짓
hotel	return ticket	first visit

3. 수하물 찾기와 세관 신고

짐 찾는 곳	카트	찾을 수 없다
배기쥐 클래임	카알트	캔트 파인드
baggage claim	cart	can't find

나오지 않았다	부서진	분실 수하물 안내 카운터
디든 컴 아웃	브뤄큰	로스트 배기쥐 카운털
didn't come out	broken	lost baggage counter

수하물 표	이 정도 크기	신고하다
배기쥐 클래임 택	디스 싸이즈	디클래어
baggage claim tag	this size	declare

4. 환전

환전하다 익스췌인지 **exchange**	환율 익스췌인지 뤠잇 **exchange rate**	여기 돈으로 투 유얼 머니 **to your money**
이것을 달러로 디스 투 다알러즈 **this to dollars**	이 지폐를 잔돈으로 바꾸다 브레익 디스 비이얼 **break this bill**	소액권 스모올 비이얼 **small bill**
고액권 라알쥐 비이얼 **large bill**	전부 10달러 올 인 텐즈 **all in tens**	잔돈 췌인지 **change**

5. 공항 서비스

안내소 인폼매이션 데에스크 **information desk**	시내 지도 씨리 맵 **city map**	지하철 노선도 썹웨이 맵 **subway map**
셔틀 버스 셔를 버스 **shuttle bus**	호텔에 머물다 스때이 인 어 호테얼 **stay in a hotel**	예산 버짓 **budget**
식당 뤠스토런 **restaurant**	시내에 가다 겟 다운타운 **get downtown**	1일 승차권 원데이 패스 **one-day pass**

❶ 환승 수속대가 어디 있나요?

웨얼이즈 더 트랜스퍼 카운털

Where is the transfer counter?

---

❷ 무슨 목적으로 방문했나요?

왓츠 더 펄페썹 유얼 비짓

What's the purpose of your visit?

---

❸ 관광이요.

포얼 싸잇씽

For sightseeing.

---

❺ 짐 찾는 곳이 어디예요?

웨얼즈 더 배기쥐 클래임

Where's the baggage claim?

---

❺ 어디에서 돈을 환전할 수 있어요?

웨얼 캔아이 익스췌인지 머니

Where can I exchange money?

---

❻ 안내소가 어디에 있어요?

웨얼이즈 디 인폴매이션 데에스크

Where is the information desk?

PART 3
교통

1. 버스
2. 택시
3. 지하철
4. 기차
5. 렌터카

1. 버스

버스 정류장	버스표 매표소	9번 버스
버스땁	버스 티킷 아퓌스	버스 넘벌 나인
bus stop	**bus ticket office**	**bus number 9**
현금	버스표	요금
캐쉬	버스 티킷	풰얼
cash	**bus ticket**	**fare**
다음 버스	얼마나 자주	K 호텔로 가다
넥스트 버스	하우 오픈	고우 투 케이 호테얼
next bus	**how often**	**go to K hotel**

30

2. 택시

택시 승강장	트렁크	어디로
택시 스땐드	트렁크	웨얼 투
taxi stand	**trunk**	**where to**
이 주소로	더 빨리	좀 천천히 가다
투 디스 애드레스	풰스털	슬로우 다운
to this address	**faster**	**slow down**
얼마나 오래	다 왔다	신용 카드
하우 롱	히얼 위 아알	크뤠딧 카알드
how long	**here we are**	**credit card**

3. 지하철

지하철역	몇 호선	매표소
썹웨이 스때이션	위치 라인	티킷 부스
subway station	**which line**	**ticket booth**
시청 가는 표	시청 가는 승강장	갈아타다
티킷 투 씨리 호올	플랫퓜 포얼 씨리 호올	트뤤스풔
ticket to City Hall	**platform for City Hall**	**transfer**
다음 열차	시청으로 가다	어떤 출구
넥스 트뤠인	고우 투 씨리 호올	위치 엑씻
next train	**go to City Hall**	**which exit**

4. 기차

뉴욕 가는 요금 풰얼 투 뉴우요크 **fare to New York**	**편도 티켓** 원웨이 티킷 **one-way ticket**	**왕복 티켓** 롸운드 트립 티킷 **round-trip ticket**
일등석 티켓 펄스트 클래스 티킷 **first class ticket**	**티켓을 예약했다** 북트 마이 티킷 **booked my ticket**	**(기차가) 출발하다** 리이브 **leave**
~로 가는 승강장 플랫퓜 포얼 ~ **platform for ~**	**뉴욕행 기차** 트뤠인 포얼 뉴우요크 **train for New York**	**내 자리** 마이 씻 **my seat**

5. 렌터카

차를 빌리다 뤤트 어 카아 **rent a car**	**5일 동안** 포얼 퐈이브 데이즈 **for five days**	**가격표** 프롸이스 리스트 **price list**
국제 운전면허증 인터네셔널 드라이벌즈 라이슨스 **international driver's license**	**보험비** 인슈런스 **insurance**	**보증금** 디파짓 **deposit**
반납하다 뤼턴 **return**	**주유소** 개스 스때이션 **gas station**	**가득 채우다** 퓔업 **fill up**

1 K 호텔 가려면 어떤 버스 타야 돼요?

위치버스 두아이 태익 투 케이 호테얼

Which bus do I take to K hotel?

---

2 K 호텔 가는 표 한 장 주세요.

어 티킷 투 케이 호테얼 플리즈

A ticket to K hotel, please.

---

3 어디로 가세요?

웨얼 투

Where to?

---

4 이 주소로 가 주세요.

투 디스 애드레스 플리즈

To this address, please.

---

5 가장 가까운 지하철역이 어디인가요?

웨얼이즈 더 니얼리스트 썹웨이 스때이션

Where is the nearest subway station?

---

6 뉴욕 가는 요금이 얼마인가요?

왓츠 더 풰얼 투 뉴우요크

What's the fare to New York?

PART 4
숙소

1. 체크인
2. 숙소 알아보기
3. 호텔 서비스 이용
4. 문제 발생
5. 체크아웃

1. 체크인

예약 뤠절배이션 **reservation**	~라는 이름으로 예약 뤠절배이션 언덜 **reservation under ~**	바우처 바우쳐얼 **voucher**
여권 패스포올트 **passport**	채우다 퓔 아웃 **fill out**	철자를 말하다 스펠 **spell**
체크인하다 쉐크인 **check in**	2시 이후에 애프터얼 투피엠 **after 2 p.m.**	일찍 체크인하다 쉐크인 어얼리 **check in early**

2. 숙소 알아보기

예약 안 한 돈 해버 뤠절배이션 **don't have a reservation**	빈방 배이컨씨 **vacancy**	3일 (밤) 뜨뤼 나잇츠 **three nights**
싱글 침대(1인용) 씽글 베드 **single bed**	더블 침대 더블 베드 **double bed**	트윈 침대 트윈 베드 **twin bed**
금연 객실 넌스모킹 룸 **non-smoking room**	아침 식사를 제공하다 써얼브 브뤡퍼스트 **serve breakfast**	더 싼 방 취펄 룸 **cheaper room**

3. 호텔 서비스 이용

룸서비스 룸썰비스 **room service**	모닝콜 웨이컵 콜 **wake-up call**	와이파이 비밀번호 와이퐈이 패스워얼드 **Wi-Fi password**
택시를 부르다 콜 어 택씨 **call a taxi**	수건 타우얼 **towel**	헤어 드라이어 헤어 듀롸이어 **hair dryer**
침대 시트를 갈다 췌인지 더 베드 씨이트 **change the bed sheet**	베개 커버를 갈다 췌인지 더 필로우 커버 **change the pillow cover**	셀프 빨래방 런드로맷 **Laundromat**

4. 문제 발생

작동을 안 하는 낫 월킹 **not working**	**추운** 코울드 **cold**	**방을 바꾸다** 췌인지 마이 룸 **change my room**
리모콘 뤼모트 컨트로올 **remote control**	**콘센트** 파월 싸킷 **power socket**	**히터** 히러 **heater**
전등 라잇 **light**	**샤워기** 샤아월 **shower**	**냉장고** 프뤼쥐 **fridge**

5. 체크아웃

체크아웃 췌크아웃 **check out**	**체크아웃 시간** 췌크아웃 타임 **check out time**	**늦게 체크아웃하다** 췌크아웃 래잇 **check out late**
내 짐을 보관하다 킵 마이 배기쥐 **keep my baggage**	**하루 더 머물다** 스때이 원 모얼 데이 **stay one more day**	**~에 대한 비용** 촤알쥐 포얼 **charge for ~**
잘못 미스태잌 **mistake**	**미니 바** 미니 바아 **mini bar**	**보증금을 돌려받다** 겟 마이 디파짓 백 **get my deposit back**

1 온라인으로 예약했어요.

아이 해버 뤠절배이션 언라인

I have a reservation online.

---

2 이름을 알려주시겠어요? 👂

캔아이 햅 유얼 내임

Can I have your name?

---

3 와이파이 비밀번호가 뭐죠?

왓츠 더 와이파이 패스워얼드

What's the Wi-Fi password?

---

4 수건 두 개 더 주세요.

투 모얼 타우얼즈 플리즈

Two more towels, please.

---

5 전등에 문제가 있어요.

데얼즈 어 프라브럼 윗 더 라잇

There's a problem with the light.

---

6 체크아웃 시간이 언제예요?

웬이즈 췌크아웃 타임

When is check-out time?

PART 5
식당

1. 식당 찾기
2. 주문
3. 추가 요청과 문제 발생
4. 후식 이용과 계산
5. 다양한 식당 이용

1. 식당 찾기

추천하다 뤠커멘드 **recommend**	식당을 예약하다 북 어 뤠스터런 **book a restaurant**	전화 예약 텔러포온 뤠절배이션 **telephone reservation**
2인석으로 예약하다 북 어 테이브얼 포얼 투 **book a table for 2**	창가 니얼 더 윈도우 **near the window**	기다리다 웨잇 **wait**
~의 이름으로 예약 뤠절배이션 언덜 **reservation under ~**	몇 명 하우 매니 피프얼 **how many people**	3인석 테이브얼 포얼 뜨뤼 **table for 3**

2. 주문

주문을 받다 태익 유얼 오올덜 **take your order**	결정하지 못했다 해븐 디싸이드 **haven't decided**	일행을 기다리다 익스펙트 썸원 **expect someone**
주문할 준비가 된 뤠디 투 오올덜 **ready to order**	이것 디스원 **this one**	똑같은 것 쌔임원 **same one**
마시다, 마실 것 듀륑크 **drink**	~ 한 잔 어 글래스 옵 **a glass of ~**	전부 오올 **all**

3. 추가 요청과 문제 발생

물 좀 더 모얼 워러 **more water**	소스 좀 더 모얼 쏘스 **more sauce**	새 포크 뉴 포올크 **new fork**
젓가락 챱스틱스 **chopsticks**	주문을 바꾸다 쉐인지 마이 오올덜 **change my order**	너무 오래 걸리다 태익 소우 롱 **take so long**
나오는 중 온 잇츠 웨이 **on its way**	주문하지 않았다 디른 오올덜 **didn't order**	더러운 더리 **dirty**

4. 후식 이용과 계산

마치다	아직 아닙니다	후식
퓌니쉬	낫 옛	디저얼트
finish	**not yet**	**dessert**
가지고 갈	계산서	분리된
투 고우	첵	쎄퍼럿
to go	**check**	**separate**
같이	이것은 무엇인가	팁이 포함된
투게덜	왓츠 디스	팁 인클루딘
together	**what's this**	**tip included**

5. 다양한 식당 이용

코카콜라	1번	가지고 가다
콕크	넘버 원	태익 아웃
coke	**number 1**	**take out**
크기를 업그레이드하다	리필	따뜻한 / 차가운
업싸이즈	뤼퓔	핫 / 아이스드
upsize	**refill**	**hot / iced**
어떤 사이즈	보통	(자리를) 차지한
왓 싸이즈	뤠귤러	태이큰
what size	**regular**	**taken**

1 근처에 좋은 식당 있나요?

캔유 뤠커멘드 어 굿 뤠스터런

Can you recommend a good restaurant?

---

2 기다리시면 자리 안내해 드릴게요.

플리즈 웨잇 투비 씨리드

Please wait to be seated.

---

3 주문하시겠어요?

캔아이 태익 유얼 오올덜

Can I take your order?

---

4 이거 주세요.

디스원 플리즈

This one, please.

---

5 계산서 주세요.

쳌 플리즈

Check, please.

---

6 드시고 갈 건가요, 가지고 가실 건가요?

히얼 오얼 태익 아웃 / 히얼 오얼 투고

Here or take out? / Here or to go?

PART 6
쇼핑

1 재래시장
2 매장 찾아가기
3 옷 구매
4 계산
5 교환과 환불

1. 재래시장

재래시장 트래디셔널 마알킷 **traditional market**	진짜 뤼얼 **real**	모조품 낙오프 **knock-off**
보여 주다 쇼우 **show**	손으로 만든 핸매이드 **hand-made**	가죽 레덜 **leather**
지역 특산품 로컬 프라덕트 **local product**	열쇠 고리 키이 췌인 **key chain**	마그네트(자석) 매그너트 **magnet**

2. 매장 찾아가기

기념품 가게 수베니얼샵 **souvenir shop**	여성복 가게 레이디즈 클로즈 스토얼 **ladies' clothes store**	내려가는 에스컬레이터 다운 에스컬레이러 **down escalator**
전자 제품 매장 일렉트롸닉스 스토얼 **electronics store**	주류 판매점 리퀄 스토얼 **liquor store**	올라가는 에스컬레이터 업 에스컬레이러 **up escalator**
1층 더 펄스트 플로어 **the first floor**	2층 더 세컨 플로어 **the second floor**	지하 1층 더 펄스트 배이스먼트 **the first basement**

3. 옷 구매

찾다 룩 포얼 **look for**	크기 싸이즈 **size**	확실한 슈어얼 **sure**
보다 씨 **see**	입어 보다 츄라이 언 **try on**	탈의실 퓌링 룸 **fitting room**
꽉 끼는 타잇 **tight**	또 다른 색깔 어나덜 컬러 **another color**	다른 크기(사이즈) 디풔런 싸이즈 **different size**

43

4. 계산

선택하다(사다)	얼마	전체 가격
태익	하우 머취	토럴 프라이스
take	**how much**	**total price**
깎아주다, 할인하다	세일하는	할인율
디스카운트	언 새이얼	디스카운트 뤠잇
discount	**on sale**	**discount rate**
세일 가격	쿠폰	거스름돈
새이얼 프라이스	쿠포온	쮀인지
sale price	**coupon**	**change**

5. 교환과 환불

교환	환불	문제
익스쮀인지	리풘드	프롸블럼
exchange	**refund**	**problem**
얼룩진	흠집이 있는	고장 난
스때인드	대미줘드	브뤄큰
stained	**damaged**	**broken**
사이즈가 잘못된	영수증	현금 / 카드
뤙 싸이즈	뤼씻	캐쉬 / 크레딧 카알드
wrong size	**receipt**	**cash / credit card**

① 저것 좀 보여 주세요.

쇼우미 댓원 플리즈

Show me that one, please.

---

② 얼마예요?

하우머취 이즈 잇

How much is it?

---

③ 깎아주세요.

캔유 디스카운트

Can you discount?

---

④ 셔츠를 하나 찾고 있어요.

암 룩킹 포얼 어 셔얼트

I'm looking for a shirt.

---

⑤ 이거 입어 봐도 돼요?

캔아이 츄라이 디스 언

Can I try this on?

---

⑥ 이것을 교환할 수 있을까요?

캔아이 익스췌인지 디스

Can I exchange this?

PART 7
관광

1 관광지 찾아가기
2 사진 찍기
3 박물관과 공연
4 야외 스포츠
5 놀이공원

1. 관광지 찾아가기

갈 만한 좋은 곳	인기 있는 관광지	거기에 가다
굿 플래이스 투 비짓	파퓨럴 어트랙션	겟 데얼
good place to visit	**popular attraction**	**get there**
먼	가까운	인기 있는 관광
파알	클로우스	파퓨럴 투얼
far	**close**	**popular tour**
시티 투어	끝나다	돌아오다
씨리 투얼	퓌니쉬	비 백
city tour	**finish**	**be back**

2. 사진 찍기

셀카 셀퓌 **selfie**	단체 사진 그룹 픽쳐얼 **group picture**	한 장 더 원 모얼 **one more**
이 버튼 디스 버른 **this button**	빨리 퀴클리 **quickly**	보다 룩 **look**
준비된 뤠디 **ready**	사진을 찍다 태이커 픽쳐얼 **take a picture**	~와 함께 윗 **with ~**

3. 박물관과 공연

박물관 뮤지엄 **museum**	입구 엔트뤈스 **entrance**	한국어 음성 안내기 커리언 오우디오 가이드 **Korean audio guide**
안내 책자 브로슈어 **brochure**	학생 할인 스뚜던 디스카운트 **student discount**	연장자 할인 씨니얼 디스카운트 **senior discount**
티켓 가격 티킷 프라이스 **ticket price**	(공연이) 시작되다 스따알트 **start**	(공연이) 끝나다 퓌니쉬 **finish**

4. 야외 스포츠

대여하는 곳 렌털 애어리어 **rental area**	스노쿨링 장비 스노올클링 이큅먼트 **snorkeling equipment**	스쿠버다이빙 장비 스쿠버 다이빙 이큅먼트 **scuba diving equipment**
오리발 플리퍼얼즈 **flippers**	몇 사이즈 왓싸이즈 **what size**	사이즈 7 싸이즈 쎄븐 **size 7**
잘 맞다 핏 웨엘 **fit well**	나한테 큰 빅 포얼 미 **big for me**	나한테 작은 스모올 포얼 미 **small for me**

5. 놀이공원

온라인으로 티켓을 예매하다 뤼졀브 마이 티킷 온라인 **reserve my ticket online**	자유 이용권 프뤼 패스 **free pass**	~의 줄 라인 포얼 **line for**
퍼레이드 퍼뤠이드 **parade**	불꽃놀이 퐈이얼웍스 **fireworks**	~을 타다 롸이드 언 **ride on**
기념품 가게 수베니얼샵 **souvenir shop**	분실물 보관소 로스트 앤 퐈운드 **lost and found**	안전바 세잎티 바아 **safety bar**

1 갈 만한 좋은 곳이 어디예요?

웨얼이즈 어 굿 플레이스 투 비짓

Where is a good place to visit?

---

2 거기에 어떻게 갈 수 있어요?

하우 캔아이 겟 데얼

How can I get there?

---

3 가장 인기 있는 투어가 무엇인가요?

왓츠 더 모스트 파퓰럴 투얼

What's the most popular tour?

---

4 셀카 같이 찍어요.

렛츠 테이커 셀퓌

Let's take a selfie.

---

5 한국어 음성 안내기가 있나요?

이즈데얼 어 커리언 오우디오 가이드

Is there a Korean audio guide?

---

6 스노클링 장비를 대여하고 싶어요.

아이드 라익투 뤤트 썸 스노올클링 이큅먼트

I'd like to rent some snorkeling equipment.

PART 8
귀국

1 공항 찾아가기
2 체크인
3 출국장 들어가기
4 면세점
5 비행기 탑승

1. 공항 찾아가기

공항 애얼포올트 airport	대한항공을 이용하다 플라이 언 커리언 에얼 fly on Korean Air	어느 터미널 위춰 털미널 which terminal
1 터미널 털미널 원 Terminal 1	잘못된 터미널 륑 털미널 wrong terminal	대한항공 카운터 커리언 에얼 카운털 Korean Air counter
저기 오버 데얼 over there	여기 히얼 here	맞다 롸잇 right

2. 체크인

여권과 티켓	창가 자리	복도 자리
패스포올트 앤 티킷	윈도우 씻	아이얼 씻
passport and ticket	**window seat**	**aisle seat**
비상구 자리	가방이 몇 개	들고 갈 가방
엑싯 씻	하우매니 백스	핸드 배기쥐
exit seat	**how many bags**	**hand baggage**
놓다	무게 초과	이것을 가지고 가다
풋	오우벌웨잇	태익 디스
put	**overweight**	**take this**

3. 출국장 들어가기

출국 출입문	줄 서다	놓다
디파알쳐 개잇	라인 업	플래이스
departure gate	**line up**	**place**
주머니	벗다, 풀다	탐지기
파킷	태이컷프	디텍털
pocket	**take off**	**detector**
벌리다	열다	꺼내다
스프레드	오우픈	태익 아웃
spread	**open**	**take out**

4. 면세점

면세점 듀리 프뤼 샵 **duty-free shop**	구매 한도 펄쳐스 리밋 **purchase limit**	몇 병 하우매니 바틀즈 **how many bottles**
~까지 업투 **up to**	쿠폰 쿠우폰 **coupon**	담배 두 상자 투 카알톤즈 어브 씨가렛츠 **two cartons of cigarettes**
향수 퍼얼퓨움 **perfume**	샘플 쌤플 **sample**	여권과 탑승권 패스포올트 앤 보올딩 패스 **passport and boarding pass**

5. 비행기 탑승

맞는 탑승구 롸잇 개잇 **right gate**	변경된 췌인지드 **changed**	새로운 탑승구 뉴 보올딩 개잇 **new boarding gate**
표지판 싸인 **sign**	시작하다 비긴 **begin**	연착된 딜래이드 **delayed**
이륙 태익어프 **take-off**	날씨 상황 웨덜 컨디션즈 **weather conditions**	정비 문제 매인터넌스 프롸블럼 **maintenance problem**

① 대한항공을 타려고 하는데요.

암 플라잉 언 커리언 에얼

I'm flying on Korean Air.

---

② 체크인해 주세요.

쉐크인 플리즈

Check in, please.

---

③ 창가 자리 주세요.

윈도우 씻 플리즈

Window seat, please.

---

④ 가방 몇 개 부치실 건가요?

하우매니 백스 우쥬 라익투 쉐크

How many bags would you like to check?

---

⑤ 구매 한도가 어떻게 되나요?

왓이즈 더 펄쳐스 리밋

What is the purchase limit?

---

⑥ 여기가 인천행 탑승구 맞나요?

이즈디스 더 롸잇 개잇 포얼 고잉 투 인천

Is this the right gate for going to Incheon?

👀 Travel Note ✦✧

-
-
-
-
-
-
-
-
-
-

👀 Travel Note ✧

-
-
-
-
-
-
-
-
-
-

👀 Travel Note ✧

-
-
-
-
-
-
-
-
-
-

👀 Travel Note ✧

-
-
-
-
-
-
-
-
-
-

👀 Travel Note ✦

-
-
-
-
-
-
-
-
-
-

👀 Travel Note ✨

-
-
-
-
-
-
-
-
-
-

👀 Travel Note ✦

-
-
-
-
-
-
-
-
-
-

Travel Note